机动车驾考一本通系列

机动车上路驾驶一本通

主　编　马小乐　张光恒

副主编　梁宇栋　廖　凇

参　编　陶国静　高　强　廖爱美　宁丽霖

　　　　戚猷健　何涛涛　黄文绘　黄伟平

机械工业出版社

CHINA MACHINE PRESS

《机动车上路驾驶一本通》全面讲解了机动车驾驶人上路驾驶必须知道的知识，包括交通法规基本知识、机动车管理制度、机动车驾驶人与驾驶证相关规定、交通信号灯、交通警察交通指挥手势、道路通行规定、交通事故的类型及处理规定、道路标志规则、禁令标志、指示标志、警告标志、道路指路标志、高速公路及城市快速路指路标志、其他标志、道路标线概述、指示标线、禁止标线和警告标线。

本书全彩色图解，辅以动画视频解说，帮助新老驾驶人轻松掌握安全行车必备知识和技能，辅助驾驶考证学员更顺利地通过考试。

本书适合小汽车、商用车（货车和客车）、特种车辆、摩托车新老驾驶人学习使用。

图书在版编目（CIP）数据

机动车上路驾驶一本通 / 马小乐，张光恒主编.
北京：机械工业出版社，2024.7. -- （机动车驾考一本通系列）. -- ISBN 978-7-111-76326-0

Ⅰ. U471.3
中国国家版本馆CIP数据核字第20249C2X92号

机械工业出版社（北京市百万庄大街22号　邮政编码100037）
策划编辑：母云红　　　　　　责任编辑：母云红
责任校对：郑　雪　牟丽英　封面设计：马精明
责任印制：刘　媛
涿州市般润文化传播有限公司印刷
2024年10月第1版第1次印刷
180mm×250mm·11.5印张·210千字
标准书号：ISBN 978-7-111-76326-0
定价：79.90元

电话服务　　　　　　　网络服务
客服电话：010-88361066　　机　工　官　网：www.cmpbook.com
　　　　　010-88379833　　机　工　官　博：weibo.com/cmp1952
　　　　　010-68326294　　金　书　网：www.golden-book.com
封底无防伪标均为盗版　机工教育服务网：www.cmpedu.com

汽车是人民群众出行的重要交通工具，也是物流运输、维持社会正常运转的重要保障。但汽车在提供出行便利性的同时，也带来了交通事故和随之而来的生命和财产损失。根据世界卫生组织的统计，每年约125万人死于交通事故，商用车的交通事故占比达到30%。究其原因，主要是驾驶人对道路交通安全问题重视不够、不遵守交通安全法律法规、不按交通规则行驶等造成的。

为帮助广大汽车驾驶人以及报考取得驾驶证的准驾驶人熟悉并尽快掌握道路交通安全知识，避免和减少交通事故，我们编写了《机动车上路驾驶一本通》。本书全面讲解了机动车驾驶人上路驾驶必须知道的知识，包括交通法规基本知识、机动车管理制度、机动车驾驶人与驾驶证相关规定、交通信号灯、交通警察交通指挥手势、道路通行规定、交通事故的类型及处理规定、道路标志规则、禁令标志、指示标志、警告标志、道路指路标志、高速公路及城市快速路指路标志、其他标志、道路标线概述、指示标线、禁止标线和警告标线。

本书全彩色图解，辅以动画视频解说（扫描书中二维码即可观看学习），帮助新老驾驶人轻松掌握安全行车必备知识和技能，辅助驾驶考证学员更顺利地通过考试。

本书适合小汽车、商用车（货车和客车）、特种车辆、摩托车新老驾驶人学习使用。

由于编者水平有限，书中疏漏之处在所难免，恳请读者批评指正。

编 者

全书动画视频总码

目 录
Contents

前言

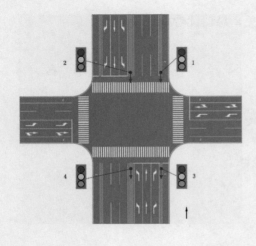

第九章　禁令标志

第十章　指示标志

第十一章　警告标志

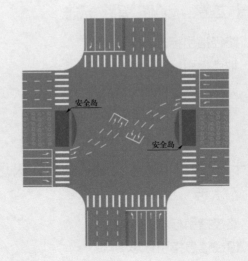

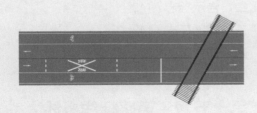

第一章 交通法规基本知识

一、道路交通法规中的道路

根据《中华人民共和国道路交通安全法》(以下简称《道路交通安全法》)第一百一十九条第一款规定,"道路",是指公路、城市道路和虽在单位管辖范围但允许社会机动车通行的地方,包括广场、公共停车场等用于公众通行的场所。

法律意义上所称的"道路",必须是允许社会车辆自由通行的、具有开放性和公共性的场所。

主要包括以下几种道路。

1)公路:指全国公路路网中的高速公路(图1-1)、国道、省道、县道和乡道等,包括公路桥梁、公路隧道、公路道口和渡口等。

图 1-1 高速公路

2)城市道路:指城市中供车辆和行人通行的,与市内外道路连接的,具备一定技术条件的道路、桥梁及其附属设施,具体包括机动车道、公共汽车优先车道、非机动车道、人行道以及随着城市发展而出现的各种高架道路及地下道路(图1-2)。

图1-2　城市道路

3）其他道路：虽在单位管辖范围但允许社会机动车通行的地方，是指虽在工厂、小区等单位管辖范围内但不必经过该单位的允许，社会机动车辆就能自由出入的地方，例如港区内的道路、部分机场道路、开放式小区内的道路（图1-3）等。

图1-3　开放式小区内的道路

其他社会车辆不得自由通行的单位内部小道，封闭式住宅区内部道路，火车站、机场、港口、货场内的专用路面，未竣工或已竣工未移交公安交通管理部门管辖的道路等，都不属于法律概念的"道路"，发生在这些地方的交通事故不属于道路交通事故，应当按照路外交通事故进行处理。

二、道路交通法规中的车辆

根据《中华人民共和国道路交通安全法》第八条规定："国家对机动车实行登记

制度。机动车经公安机关交通管理部门登记后，方可上道路行驶。尚未登记的机动车，需要临时上道路行驶的，应当取得临时通行牌证。"

道路交通法规中的车辆，是指机动车和非机动车。

机动车是指以动力装置驱动或者牵引，在道路上行驶的供人员乘用或者用于运送物品以及进行工程专项作业的轮式车辆，如图 1-4 所示。

图 1-4　机动车

非机动车是指以人力或者畜力驱动，在道路上行驶的交通工具，以及虽有动力装置驱动但设计最高时速、空车质量、外形尺寸符合有关国家标准的残疾人机动轮椅车、电动自行车等交通工具，如图 1-5 所示。以上明确指明，电动车和残疾人用的工具车属于非机动车。

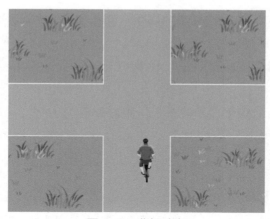

图 1-5　非机动车

三、什么是交通事故

根据《道路交通安全法》第七十条：

"在道路上发生交通事故，车辆驾驶人应当立即停车，保护现场；造成人身伤亡的，车辆驾驶人应当立即抢救受伤人员，并迅速报告执勤的交通警察或者公安机关交通管理部门。因抢救受伤人员变动现场的，应当标明位置。乘车人、过往车辆驾驶人、过往行人应当予以协助。

"在道路上发生交通事故，未造成人身伤亡，当事人对事实及成因无争议的，可以即行撤离现场，恢复交通，自行协商处理损害赔偿事宜；不即行撤离现场的，应当迅速报告执勤的交通警察或者公安机关交通管理部门。

"在道路上发生交通事故，仅造成轻微财产损失，并且基本事实清楚的，当事人应当先撤离现场再进行协商处理。"

四、机动车报废

1. 机动车报废条件

1）非营运性质小型汽车和微型汽车：2023 年机动车报废新规主要针对非营运性质的小型汽车和微型汽车，取消了原有的使用年限限制。取而代之的是，当车辆行驶里程达到 60 万公里时，国家将引导车主报废。这一举措旨在降低交通事故风险，同时鼓励车主及时更新车辆，保障道路安全。

2）营运性质的车辆：如出租车、公交车等，报废年限仍为 8 年。当车辆行驶里程达到 60 万公里时，国家将强制报废。

3）皮卡车：皮卡车属于轻型载货汽车，使用年限达到 15 年或者行驶里程达到 60 万公里时，必须按照规定进行报废。

4）大型客车、货车：报废年限为 10 年，行驶里程达到 40 万公里时，国家将强制报废。

5）专用汽车：如消防车、救护车等，报废年限为 10 年，行驶里程达到 40 万公里时，国家将强制报废。

6）摩托车：报废年限为 13 年，行驶里程达到 10 万公里时，国家将强制报废。

2. 机动车报废办理流程

1）提前处理违章和事故。在报废车辆前，车主需要先处理好车辆的违章和事故，以确保报废流程顺利进行。

2）填写报废申请。携带机动车所有人身份证明、机动车登记证书及号牌、行驶证和机动车所有人签署的委托书、被委托人身份证明，到报废汽车回收拆解公司服务窗口办理填写报废申请。

3）办理报废手续。根据工作人员的指引，办理相关报废手续，如车辆查验、签字确认等。

4）领取报废证明。完成报废手续后，车主需领取报废证明，以便在办理新车上牌时使用。

第二章　机动车管理制度 **02**

一、机动车登记制度

根据《机动车登记规定》（公安部令第 164 号），机动车相关管理规定如下。

1. 注册登记

初次申领机动车号牌、行驶证的，机动车所有人应当向住所地的车辆管理所申请注册登记。

申请注册登记的，机动车所有人应当交验机动车，确认申请信息，并提交以下证明、凭证：

1）机动车所有人的身份证明。

2）购车发票等机动车来历证明。

3）机动车整车出厂合格证明或者进口机动车进口凭证。

4）机动车交通事故责任强制保险凭证。

5）车辆购置税、车船税完税证明或者免税凭证，但法律规定不属于征收范围的除外。

6）法律、行政法规规定应当在机动车注册登记时提交的其他证明、凭证。

不属于经海关进口的机动车和国务院机动车产品主管部门规定免予安全技术检验的机动车，还应当提交机动车安全技术检验合格证明。

免予安全技术检验的机动车有下列情形之一的，应当进行安全技术检验：

1）国产机动车出厂后两年内未申请注册登记的。

2）经海关进口的机动车进口后两年内未申请注册登记的。

3）申请注册登记前发生交通事故的。

专用校车办理注册登记前，应当按照专用校车国家安全技术标准进行安全技术检验。

车辆管理所应当自受理申请之日起 2 日内，查验机动车，采集、核对车辆识别代号拓印膜或者电子资料，审查提交的证明、凭证，核发机动车登记证书、号牌、行驶证和检验合格标志。

机动车安全技术检验、税务、保险等信息实现与有关部门或者机构联网核查的，申请人免予提交相关证明、凭证，车辆管理所核对相关电子信息。

车辆管理所办理消防车、救护车、工程救险车注册登记时，应当对车辆的使用性质、标志图案、标志灯具和警报器进行审查。

机动车所有人申请机动车使用性质登记为危险货物运输、公路客运、旅游客运的，应当具备相关道路运输许可；实现与有关部门联网核查道路运输许可信息、车辆使用性质信息的，车辆管理所应当核对相关电子信息。

申请危险货物运输车登记的，机动车所有人应当为单位。

车辆管理所办理注册登记时，应当对牵引车和挂车分别核发机动车登记证书、号牌、行驶证和检验合格标志。

车辆管理所实现与机动车制造厂新车出厂查验信息联网的，机动车所有人申请小型、微型非营运载客汽车注册登记时，免予交验机动车。

车辆管理所应当会同有关部门在具备条件的摩托车销售企业推行摩托车带牌销售，方便机动车所有人购置车辆、投保保险、缴纳税款、注册登记一站式办理。

有下列情形之一的，不予办理注册登记：

1）机动车所有人提交的证明、凭证无效的。

2）机动车来历证明被涂改或者机动车来历证明记载的机动车所有人与身份证明不符的。

3）机动车所有人提交的证明、凭证与机动车不符的。

4）机动车未经国务院机动车产品主管部门许可生产或者未经国家进口机动车主管部门许可进口的。

5）机动车的型号或者有关技术参数与国务院机动车产品主管部门公告不符的。

6）机动车的车辆识别代号或者有关技术参数不符合国家安全技术标准的。

7）机动车达到国家规定的强制报废标准的。

8）机动车被监察机关、人民法院、人民检察院、行政执法部门依法查封、扣押的。

9）机动车属于被盗抢骗的。

10）其他不符合法律、行政法规规定的情形。

2. 变更登记

已注册登记的机动车有下列情形之一的，机动车所有人应当向登记地车辆管理所申请变更登记：

1）改变车身颜色的。

2）更换发动机的。

3）更换车身或者车架的。

4）因质量问题更换整车的。

5）机动车登记的使用性质改变的。

6）机动车所有人的住所迁出、迁入车辆管理所管辖区域的。

属于前款第1项至第3项规定的变更事项的，机动车所有人应当在变更后十日内向车辆管理所申请变更登记。

申请变更登记的，机动车所有人应当交验机动车，确认申请信息，并提交以下证明、凭证：

1）机动车所有人的身份证明。

2）机动车登记证书。

3）机动车行驶证。

4）属于更换发动机、车身或者车架的，还应当提交机动车安全技术检验合格证明。

5）属于因质量问题更换整车的，还应当按规定提交相关证明、凭证。

小型、微型载客汽车因改变车身颜色申请变更登记，车辆不在登记地的，可以向车辆所在地车辆管理所提出申请。车辆所在地车辆管理所应当按规定查验机动车，审查提交的证明、凭证，并将机动车查验电子资料转递至登记地车辆管理所，登记地车辆管理所按规定复核并核发行驶证。

机动车所有人为两人以上，需要将登记的所有人姓名变更为其他共同所有人姓名的，可以向登记地车辆管理所申请变更登记。申请时，机动车所有人应当共同提出申请，确认申请信息，提交机动车登记证书、行驶证、变更前和变更后机动车所有人的身份证明和共同所有的公证证明，但属于夫妻双方共同所有的，可以提供结婚证或者证明夫妻关系的居民户口簿。

同一机动车所有人名下机动车的号牌号码需要互换，符合以下情形的，可以向登记地车辆管理所申请变更登记：

1）两辆机动车在同一辖区车辆管理所登记。

2）两辆机动车属于同一号牌种类。

3）两辆机动车使用性质为非营运。

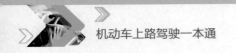

同一机动车一年内可以互换变更一次机动车号牌号码。

有下列情形之一的，不予办理变更登记：

1）改变机动车的品牌、型号和发动机型号的，但经国务院机动车产品主管部门许可选装的发动机除外。

2）改变已登记的机动车外形和有关技术参数的，但法律、法规和国家强制性标准另有规定的除外。

3）机动车所有人提交的证明、凭证无效的。

4）机动车达到国家规定的强制报废标准的。

5）机动车被监察机关、人民法院、人民检察院、行政执法部门依法查封、扣押的。

6）机动车属于被盗抢骗的。

已注册登记的机动车有下列情形之一的，机动车所有人应当在信息或者事项变更后三十日内，向登记地车辆管理所申请变更备案：

1）机动车所有人住所在车辆管理所管辖区域内迁移、机动车所有人姓名（单位名称）变更的。

2）机动车所有人身份证明名称或者号码变更的。

3）机动车所有人联系方式变更的。

4）车辆识别代号因磨损、锈蚀、事故等原因辨认不清或者损坏的。

5）小型、微型自动挡载客汽车加装、拆除、更换肢体残疾人操纵辅助装置的。

6）载货汽车、挂车加装、拆除车用起重尾板的。

7）小型、微型载客汽车在不改变车身主体结构且保证安全的情况下加装车顶行李架，换装不同式样散热器面罩、保险杠、轮毂的；属于换装轮毂的，不得改变轮胎规格。

3. 转让登记

已注册登记的机动车所有权发生转让的，现机动车所有人应当自机动车交付之日起三十日内向登记地车辆管理所申请转让登记。

机动车所有人申请转让登记前，应当将涉及该车的道路交通安全违法行为和交通事故处理完毕。

申请转让登记的，现机动车所有人应当交验机动车，确认申请信息，并提交以下证明、凭证：

1）现机动车所有人的身份证明。

2）机动车所有权转让的证明、凭证。

3）机动车登记证书。

4）机动车行驶证。

5）属于海关监管的机动车，还应当提交海关监管车辆解除监管证明书或者海关批准的转让证明。

6）属于超过检验有效期的机动车，还应当提交机动车安全技术检验合格证明和交通事故责任强制保险凭证。

有下列情形之一的，不予办理转让登记：

1）机动车与该车档案记载内容不一致的。

2）属于海关监管的机动车，海关未解除监管或者批准转让的。

3）距机动车强制报废标准规定要求使用年限一年以内的机动车。

4）属于前述"有下列情形之一的，不予办理注册登记"当中的第1项、第2项、第7项、第8项、第9项规定情形的。

5）机动车所有人提交的证明、凭证无效的。

6）机动车来历证明被涂改或者机动车来历证明记载的机动车所有人与身份证明不符的。

7）机动车达到国家规定的强制报废标准的。

8）机动车被监察机关、人民法院、人民检察院、行政执法部门依法查封、扣押的。

9）机动车属于被盗抢骗的。

4. 抵押登记

机动车作为抵押物抵押的，机动车所有人和抵押权人应当向登记地车辆管理所申请抵押登记；抵押权消灭的，应当向登记地车辆管理所申请解除抵押登记。

申请抵押登记的，由机动车所有人和抵押权人共同申请，确认申请信息，并提交下列证明、凭证：

1）机动车所有人和抵押权人的身份证明。

2）机动车登记证书。

3）机动车抵押合同。

5. 注销登记

机动车有下列情形之一的，机动车所有人应当向登记地车辆管理所申请注销登记：

1）机动车已达到国家强制报废标准的。

2）机动车未达到国家强制报废标准，机动车所有人自愿报废的。

3）因自然灾害、失火、交通事故等造成机动车灭失的。

4）机动车因故不在我国境内使用的。

5）因质量问题退车的。

属于第4项、第5项规定情形的，机动车所有人申请注销登记前，应当将涉及该车的道路交通安全违法行为和交通事故处理完毕。

二、机动车安全技术检验

对登记后上道路行驶的机动车，应当依照法律、行政法规的规定，根据车辆用途、载客载货数量、使用年限等不同情况，定期进行安全技术检验。对提供机动车行驶证和机动车第三者责任强制保险单的，机动车安全技术检验机构应当予以检验，任何单位不得附加其他条件。对符合机动车国家安全技术标准的，公安机关交通管理部门应当发给检验合格标志。

对机动车的安全技术检验实行社会化。具体办法由国务院规定。

机动车安全技术检验实行社会化的地方，任何单位不得要求机动车到指定的场所进行检验。

公安机关交通管理部门、机动车安全技术检验机构不得要求机动车到指定的场所进行维修、保养。

机动车安全技术检验机构对机动车检验收取费用，应当严格执行国务院价格主管部门核定的收费标准。

机动车应当从注册登记之日起，按照下列期限进行安全技术检验：

1）营运载客汽车5年以内每年检验1次；超过5年的，每6个月检验1次。

2）载货汽车和大型、中型非营运载客汽车10年以内每年检验1次；超过10年的，每6个月检验1次。

3）小型、微型非营运载客汽车6年以内每2年检验1次；超过6年的，每年检验1次；超过10年的，每6个月检验1次。

4）摩托车4年以内每2年检验1次；超过4年的，每年检验1次。

5）拖拉机和其他机动车每年检验1次。

营运机动车在规定检验期限内经安全技术检验合格的，不再重复进行安全技术检验。

已注册登记的机动车进行安全技术检验时，机动车行驶证记载的登记内容与该机动车的有关情况不符，或者未按照规定提供机动车第三者责任强制保险凭证的，不予通过检验。

机动车安全技术检验由机动车安全技术检验机构实施。机动车安全技术检验机构应当按照国家机动车安全技术检验标准对机动车进行检验，对检验结果承担法律责任。

质量技术监督部门负责对机动车安全技术检验机构实行计量认证管理，对机动车安全技术检验设备进行检定，对执行国家机动车安全技术检验标准的情况进行监督。

机动车安全技术检验项目由国务院公安部门会同国务院质量技术监督部门规定。

三、特种车辆的规定

警车、消防车、救护车、工程救险车标志图案的喷涂以及警报器、标志灯具的安装、使用规定，由国务院公安部门制定。

警车、消防车、救护车、工程救险车应当按照规定喷涂标志图案，安装警报器、标志灯具。其他机动车不得喷涂、安装、使用上述车辆专用的或者与其相类似的标志图案、警报器或者标志灯具。

警车、消防车、救护车、工程救险车应当严格按照规定的用途和条件使用。

公路监督检查的专用车辆，应当按照公路法的规定，设置统一的标志和示警灯。

四、机动车保险

强制保险是以法律、行政法规为依据建立保险关系的一种保险。机动车交通事故责任强制保险是基于《道路交通安全法》《道路交通安全法实施条例》《机动车交通事故责任强制保险条例》（以下简称《强制保险条例》）等政策规定而开办的，是指由保险公司对被保险机动车发生道路交通事故造成受害人的人身伤亡、财产损失进行赔偿的责任保险。在中华人民共和国境内道路上行驶的机动车的所有人、管理人，应当依照《道路交通安全法》和《强制保险条例》的规定投保机动车交通事故责任强制保险。

第三章 机动车驾驶人与驾驶证相关规定

一、考取驾驶证

1. 年龄条件

1）申请小型汽车、小型自动挡汽车、残疾人专用小型自动挡载客汽车、轻便摩托车准驾车型的，在 18 周岁以上。

2）申请低速载货汽车、三轮汽车、普通三轮摩托车、普通二轮摩托车或者轮式专用机械车准驾车型的，在 18 周岁以上，60 周岁以下。

3）申请城市公交车、中型客车、大型货车、轻型牵引挂车、无轨电车或者有轨电车准驾车型的，在 20 周岁以上，60 周岁以下。

4）申请大型客车、重型牵引挂车准驾车型的，在 22 周岁以上，60 周岁以下。

5）接受全日制驾驶职业教育的学生，申请大型客车、重型牵引挂车准驾车型的，在 19 周岁以上，60 周岁以下。

2. 身体条件

1）身高：申请大型客车、重型牵引挂车、城市公交车、大型货车、无轨电车准驾车型的，身高为 155 厘米以上。申请中型客车准驾车型的，身高为 150 厘米以上。

2）视力：申请大型客车、重型牵引挂车、城市公交车、中型客车、大型货车、无轨电车或者有轨电车准驾车型的，两眼裸视力或者矫正视力达到对数视力表 5.0 以上。申请其他准驾车型的，两眼裸视力或者矫正视力达到对数视力表 4.9 以上。单眼视力障碍，优眼裸视力或者矫正视力达到对数视力表 5.0 以上，且水平视野达到 150 度的，可以申请小型汽车、小型自动挡汽车、低速载货汽车、三轮汽车、残疾人专用小型自动挡载客汽车准驾车型的机动车驾驶证。

3）辨色力：无红绿色盲。

4）听力：两耳分别距音叉 50 厘米能辨别声源方向。有听力障碍但佩戴助听设备能够达到以上条件的，可以申请小型汽车、小型自动挡汽车准驾车型的机动车驾驶证。

5）上肢：双手拇指健全，每只手其他手指必须有三指健全，肢体和手指运动功能正常。但手指末节残缺或者左手有三指健全，且双手手掌完整的，可以申请小型汽车、小型自动挡汽车、低速载货汽车、三轮汽车准驾车型的机动车驾驶证。

6）下肢：双下肢健全且运动功能正常，不等长度不得大于 5 厘米。单独左下肢缺失或者丧失运动功能，但右下肢正常的，可以申请小型自动挡汽车准驾车型的机动车驾驶证。

7）躯干、颈部：无运动功能障碍。

8）右下肢、双下肢缺失或者丧失运动功能但能够自主坐立，且上肢符合本项第 5 目规定的，可以申请残疾人专用小型自动挡载客汽车准驾车型的机动车驾驶证。一只手掌缺失，另一只手拇指健全，其他手指有两指健全，上肢和手指运动功能正常，且下肢符合本项第 6 条规定的，可以申请残疾人专用小型自动挡载客汽车准驾车型的机动车驾驶证。

9）年龄在 70 周岁以上能够通过记忆力、判断力、反应力等能力测试的，可以申请小型汽车、小型自动挡汽车、残疾人专用小型自动挡载客汽车、轻便摩托车准驾车型的机动车驾驶证。

3. 不得申请机动车驾驶证的情况

1）有器质性心脏病、癫痫病、美尼尔氏症、眩晕症、癔病、震颤麻痹、精神病、痴呆以及影响肢体活动的神经系统疾病等妨碍安全驾驶疾病的。

2）3 年内有吸食、注射毒品行为或者解除强制隔离戒毒措施未满 3 年，以及长期服用依赖性精神药品成瘾尚未戒除的。

3）造成交通事故后逃逸构成犯罪的。

4）饮酒后或者醉酒驾驶机动车发生重大交通事故构成犯罪的。

5）醉酒驾驶机动车或者饮酒后驾驶营运机动车依法被吊销机动车驾驶证未满 5 年的。

6）醉酒驾驶营运机动车依法被吊销机动车驾驶证未满 10 年的。

7）驾驶机动车追逐竞驶、超员、超速、违反危险化学品安全管理规定运输危险化学品，构成犯罪依法被吊销机动车驾驶证未满 5 年的。

8）因本款第 4 项以外的其他违反交通管理法律法规的行为，发生重大交通事故构

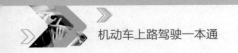

成犯罪依法被吊销机动车驾驶证未满 10 年的。

9）因其他情形依法被吊销机动车驾驶证未满 2 年的。

10）驾驶许可依法被撤销未满 3 年的。

11）未取得机动车驾驶证驾驶机动车，发生负同等以上责任交通事故造成人员重伤或者死亡未满 10 年的。

12）3 年内有代替他人参加机动车驾驶人考试行为的。

4. 增驾

已持有机动车驾驶证，申请增加准驾车型的，可以申请增加的准驾车型为大型客车、重型牵引挂车、城市公交车、中型客车、大型货车、小型汽车、小型自动挡汽车、低速载货汽车、三轮汽车、轻型牵引挂车、普通三轮摩托车、普通二轮摩托车、轻便摩托车、轮式专用机械车、无轨电车、有轨电车。

持有机动车驾驶证，申请增加准驾车型的，应当在本记分周期和申请前最近 1 个记分周期内没有记满 12 分记录。申请增加轻型牵引挂车、中型客车、重型牵引挂车、大型客车准驾车型的，还应当符合下列规定：

1）申请增加轻型牵引挂车准驾车型的，已取得驾驶小型汽车、小型自动挡汽车准驾车型资格 1 年以上。

2）申请增加中型客车准驾车型的，已取得驾驶城市公交车、大型货车、小型汽车、小型自动挡汽车、低速载货汽车或者三轮汽车准驾车型资格 2 年以上，并在申请前最近连续 2 个记分周期内没有记满 12 分记录。

3）申请增加重型牵引挂车准驾车型的，已取得驾驶中型客车或者大型货车准驾车型资格 2 年以上，或者取得驾驶大型客车准驾车型资格 1 年以上，并在申请前最近连续 2 个记分周期内没有记满 12 分记录。

4）申请增加大型客车准驾车型的，已取得驾驶城市公交车、中型客车准驾车型资格 2 年以上、已取得驾驶大型货车准驾车型资格 3 年以上，或者取得驾驶重型牵引挂车准驾车型资格 1 年以上，并在申请前最近连续 3 个记分周期内没有记满 12 分记录。

5）正在接受全日制驾驶职业教育的学生，已在校取得驾驶小型汽车准驾车型资格，并在本记分周期和申请前最近 1 个记分周期内没有记满 12 分记录的，可以申请增加大型客车、重型牵引挂车准驾车型。

有下列情形之一的，不得申请大型客车、重型牵引挂车、城市公交车、中型客车、大型货车准驾车型：

1）发生交通事故造成人员死亡，承担同等以上责任的。

2）醉酒后驾驶机动车的。

3）再次饮酒后驾驶机动车的。

4）有吸食、注射毒品后驾驶机动车行为的，或者有执行社区戒毒、强制隔离戒毒、社区康复措施记录的。

5）驾驶机动车追逐竞驶、超员、超速、违反危险化学品安全管理规定运输危险化学品构成犯罪的。

6）被吊销或者撤销机动车驾驶证未满 10 年的。

7）未取得机动车驾驶证驾驶机动车，发生负同等以上责任交通事故造成人员重伤或者死亡的。

5. 其他类型驾驶证申请准驾车型

持有军队、武装警察部队机动车驾驶证，符合本规定的申请条件，可以申请对应准驾车型的机动车驾驶证。

持有境外机动车驾驶证，符合本规定的申请条件，且取得该驾驶证时在核发国家或者地区 1 年内累计居留 90 日以上的，可以申请对应准驾车型的机动车驾驶证。属于申请准驾车型为大型客车、重型牵引挂车、中型客车机动车驾驶证的，还应当取得境外相应准驾车型机动车驾驶证 2 年以上。

持有境外机动车驾驶证，需要临时驾驶机动车的，应当按规定向车辆管理所申领临时机动车驾驶许可。

对入境短期停留的，可以申领有效期为 3 个月的临时机动车驾驶许可；停居留时间超过 3 个月的，有效期可以延长至 1 年。

临时入境机动车驾驶人的临时机动车驾驶许可在一个记分周期内累积记分达到 12 分，未按规定参加道路交通安全法律、法规和相关知识学习、考试的，不得申请机动车驾驶证或者再次申请临时机动车驾驶许可。

6. 申请机动车驾驶证应当提供的资料

申请机动车驾驶证，应当确认申请信息，并提交以下证明：

1）申请人的身份证明。

2）医疗机构出具的有关身体条件的证明。

持军队、武装警察部队机动车驾驶证的人申请机动车驾驶证，应当确认申请信息，并提交以下证明、凭证：

1）申请人的身份证明。属于复员、转业、退伍的人员，还应当提交军队、武装

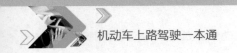

警察部队核发的复员、转业、退伍证明。

2）医疗机构出具的有关身体条件的证明。

3）军队、武装警察部队机动车驾驶证。

持境外机动车驾驶证的人申请机动车驾驶证，应当确认申请信息，并提交以下证明、凭证：

1）申请人的身份证明。

2）医疗机构出具的有关身体条件的证明。

3）所持机动车驾驶证。属于非中文表述的，还应当提供翻译机构出具或者公证机构公证的中文翻译文本。

属于外国驻华使馆、领馆人员及国际组织驻华代表机构人员申请的，按照外交对等原则执行。

属于内地居民申请的，还应当提交申请人的护照或者往来港澳通行证、往来台湾通行证。

7. 机动车驾驶证超过有效期复考

申请机动车驾驶证的人，符合本规定要求的驾驶许可条件，有下列情形之一的，可以按规定申请相应准驾车型的机动车驾驶证考试：

1）原机动车驾驶证因超过有效期未换证被注销的。

2）原机动车驾驶证因未提交身体条件证明被注销的。

3）原机动车驾驶证由本人申请注销的。

4）原机动车驾驶证因身体条件暂时不符合规定被注销的。

5）原机动车驾驶证或者准驾车型资格因其他原因被注销的，但机动车驾驶证被吊销或者被撤销的除外。

6）持有的军队、武装警察部队机动车驾驶证超过有效期的。

7）持有境外机动车驾驶证或者境外机动车驾驶证超过有效期的。

有前款第6项、第7项规定情形之一的，还应当提交机动车驾驶证。

8. 考试

（1）考试内容和合格标准

考试内容和合格标准全国统一，根据不同准驾车型规定相应的考试项目。

机动车驾驶人考试内容分为道路交通安全法律、法规和相关知识考试科目（以下简称科目一）、场地驾驶技能考试科目（以下简称科目二）、道路驾驶技能和安全文明驾驶常识考试科目（以下简称科目三）。

科目一考试内容包括：道路通行、交通信号、道路交通安全违法行为和交通事故处理、机动车驾驶证申领和使用、机动车登记等规定以及其他道路交通安全法律、法规和规章。

科目二考试内容包括：

1）大型客车、重型牵引挂车、城市公交车、中型客车、大型货车考试桩考、坡道定点停车和起步、侧方停车、通过单边桥、曲线行驶、直角转弯、通过限宽门、窄路掉头，以及模拟高速公路、连续急弯山区路、隧道、雨（雾）天、湿滑路、紧急情况处置。

2）小型汽车、低速载货汽车考试倒车入库、坡道定点停车和起步、侧方停车、曲线行驶、直角转弯。

3）小型自动挡汽车、残疾人专用小型自动挡载客汽车考试倒车入库、侧方停车、曲线行驶、直角转弯。

4）轻型牵引挂车考试桩考、曲线行驶、直角转弯。

5）三轮汽车、普通三轮摩托车、普通二轮摩托车和轻便摩托车考试桩考、坡道定点停车和起步、通过单边桥。

6）轮式专用机械车、无轨电车、有轨电车的考试内容由省级公安机关交通管理部门确定。

对第一项至第三项规定的准驾车型，省级公安机关交通管理部门可以根据实际增加考试内容。

科目三道路驾驶技能考试内容包括：大型客车、重型牵引挂车、城市公交车、中型客车、大型货车、小型汽车、小型自动挡汽车、低速载货汽车和残疾人专用小型自动挡载客汽车考试上车准备、起步、直线行驶、加减挡位操作、变更车道、靠边停车、直行通过路口、路口左转弯、路口右转弯、通过人行横道线、通过学校区域、通过公共汽车站、会车、超车、掉头、夜间行驶；其他准驾车型的考试内容，由省级公安机关交通管理部门确定。

大型客车、重型牵引挂车、城市公交车、中型客车、大型货车考试里程不少于10公里，其中初次申领城市公交车、大型货车准驾车型的，白天考试里程不少于5公里，夜间考试里程不少于3公里。小型汽车、小型自动挡汽车、低速载货汽车、残疾人专用小型自动挡载客汽车考试里程不少于3公里。不进行夜间考试的，应当进行模拟夜间灯光考试。

对大型客车、重型牵引挂车、城市公交车、中型客车、大型货车准驾车型，省级公安机关交通管理部门应当根据实际增加山区、隧道、陡坡等复杂道路驾驶考试内容。对其他汽车准驾车型，省级公安机关交通管理部门可以根据实际增加考试内容。

科目三安全文明驾驶常识考试内容包括：安全文明驾驶操作要求、恶劣气象和复杂道路条件下的安全驾驶知识、爆胎等紧急情况下的临危处置方法、防范次生事故处置知识、伤员急救知识等。

持军队、武装警察部队机动车驾驶证的人申请大型客车、重型牵引挂车、城市公交车、中型客车、大型货车准驾车型机动车驾驶证的，应当考试科目一和科目三；申请其他准驾车型机动车驾驶证的，免予考试核发机动车驾驶证。

持境外机动车驾驶证申请机动车驾驶证的，应当考试科目一。申请准驾车型为大型客车、重型牵引挂车、城市公交车、中型客车、大型货车机动车驾驶证的，应当考试科目一、科目二和科目三。

属于外国驻华使馆、领馆人员及国际组织驻华代表机构人员申请的，应当按照外交对等原则执行。

各科目考试的合格标准为：

1）科目一考试满分为 100 分，成绩达到 90 分的为合格。

2）科目二考试满分为 100 分，考试大型客车、重型牵引挂车、城市公交车、中型客车、大型货车、轻型牵引挂车准驾车型的，成绩达到 90 分的为合格，其他准驾车型的成绩达到 80 分的为合格。

3）科目三道路驾驶技能和安全文明驾驶常识考试满分分别为 100 分，成绩分别达到 90 分的为合格。

（2）考试要求

车辆管理所应当按照预约的考场和时间安排考试。申请人科目一考试合格后，可以预约科目二或者科目三道路驾驶技能考试。有条件的地方，申请人可以同时预约科目二、科目三道路驾驶技能考试，预约成功后可以连续进行考试。科目二、科目三道路驾驶技能考试均合格后，申请人可以当日参加科目三安全文明驾驶常识考试。

申请人申请大型客车、重型牵引挂车、城市公交车、中型客车、大型货车、轻型牵引挂车驾驶证，因当地尚未设立科目二考场的，可以选择省（自治区）内其他考场参加考试。

申请人申领小型汽车、小型自动挡汽车、低速载货汽车、三轮汽车、残疾人专用小型自动挡载客汽车、轻型牵引挂车驾驶证期间，已通过部分科目考试后，居住地发生变更的，可以申请变更考试地，在现居住地预约其他科目考试。申请变更考试地不得超过 3 次。

车辆管理所应当使用全国统一的考试预约系统，采用互联网、电话、服务窗口等方式供申请人预约考试。

初次申请机动车驾驶证或者申请增加准驾车型的，科目一考试合格后，车辆管理所应当在 1 日内核发学习驾驶证明。

申请人在场地和道路上学习驾驶，应当按规定取得学习驾驶证明。学习驾驶证明的有效期为 3 年，但有效期截止日期不得超过申请年龄条件上限。申请人应当在有效期内完成科目二和科目三考试。未在有效期内完成考试的，已考试合格的科目成绩作废。

学习驾驶证明可以采用纸质或者电子形式，纸质学习驾驶证明和电子学习驾驶证明具有同等效力。申请人可以通过互联网交通安全综合服务管理平台打印或者下载学习驾驶证明。

申请人在道路上学习驾驶，应当随身携带学习驾驶证明，使用教练车或者学车专用标识签注的自学用车，在教练员或者学车专用标识签注的指导人员随车指导下，按照公安机关交通管理部门指定的路线、时间进行。

申请人为自学直考人员的，在道路上学习驾驶时，应当在自学用车上按规定放置、粘贴学车专用标识，自学用车不得搭载随车指导人员以外的其他人员。

初次申请机动车驾驶证或者申请增加准驾车型的，申请人预约考试科目二，应当符合下列规定：

1）报考小型汽车、小型自动挡汽车、低速载货汽车、三轮汽车、残疾人专用小型自动挡载客汽车、轮式专用机械车、无轨电车、有轨电车准驾车型的，在取得学习驾驶证明满 10 日后预约考试。

2）报考大型客车、重型牵引挂车、城市公交车、中型客车、大型货车、轻型牵引挂车准驾车型的，在取得学习驾驶证明满 20 日后预约考试。

初次申请机动车驾驶证或者申请增加准驾车型的，申请人预约考试科目三，应当符合下列规定：

1）报考小型自动挡汽车、残疾人专用小型自动挡载客汽车、低速载货汽车、三轮汽车准驾车型的，在取得学习驾驶证明满 20 日后预约考试。

2）报考小型汽车、轮式专用机械车、无轨电车、有轨电车准驾车型的，在取得学习驾驶证明满 30 日后预约考试。

3）报考大型客车、重型牵引挂车、城市公交车、中型客车、大型货车准驾车型的，在取得学习驾驶证明满 40 日后预约考试。属于已经持有汽车类驾驶证，申请增

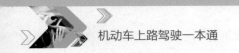
加准驾车型的，在取得学习驾驶证明满 30 日后预约考试。

持军队、武装警察部队或者境外机动车驾驶证申请机动车驾驶证的，应当自车辆管理所受理之日起 3 年内完成科目考试。

申请人因故不能按照预约时间参加考试的，应当提前 1 日申请取消预约。对申请人未按照预约考试时间参加考试的，判定该次考试不合格。

每个科目考试 1 次，考试不合格的，可以补考 1 次。不参加补考或者补考仍不合格的，本次考试终止，申请人应当重新预约考试，但科目二、科目三考试应当在 10 日后预约。科目三安全文明驾驶常识考试不合格的，已通过的道路驾驶技能考试成绩有效。

在学习驾驶证明有效期内，科目二和科目三道路驾驶技能考试预约考试的次数分别不得超过 5 次。第 5 次考试仍不合格的，已考试合格的其他科目成绩作废。

车辆管理所组织考试前应当使用全国统一的计算机管理系统当日随机选配考试员，随机安排考生分组，随机选取考试路线。

从事考试工作的人员，应当持有公安机关交通管理部门颁发的资格证书。公安机关交通管理部门应当在公安民警、警务辅助人员中选拔足够数量的考试员，从事考试工作。可以聘用运输企业驾驶人、警风警纪监督员等人员承担考试辅助工作和监督职责。

考试员应当认真履行考试职责，严格按照规定考试，接受社会监督。在考试前应当自我介绍，讲解考试要求，核实申请人身份；考试中应当严格执行考试程序，按照考试项目和考试标准评定考试成绩；考试后应当当场公布考试成绩，讲评考试不合格原因。

每个科目的考试成绩单应当有申请人和考试员的签名。未签名的不得核发机动车驾驶证。

考试员、考试辅助人员及考场工作人员应当严格遵守考试工作纪律，不得为不符合机动车驾驶许可条件、未经考试、考试不合格人员签注合格考试成绩，不得减少考试项目、降低评判标准或者参与、协助、纵容考试作弊，不得参与或者变相参与驾驶培训机构、社会考场经营活动，不得收取驾驶培训机构、社会考场、教练员、申请人的财物。

直辖市、设区的市或者相当于同级的公安机关交通管理部门应当根据本地考试需求建设考场，配备足够数量的考试车辆。对考场布局、数量不能满足本地考试需求的，应当采取政府购买服务等方式使用社会考场，并按照公平竞争、择优选定的原则，依法通过公开招标等程序确定。对考试供给能力能够满足考试需求的，应当及时向社会公告，不再购买社会考场服务。

考试场地建设、路段设置、车辆配备、设施设备配置以及考试项目、评判要求应当符合相关标准。考试场地、考试设备和考试系统应当经省级公安机关交通管理部门验收合格后方可使用。公安机关交通管理部门应当加强对辖区考场的监督管理，定期开展考试场地、考试车辆、考试设备和考场管理情况的监督检查。

二、驾驶考试监督管理与处罚规定

1. 考试监督管理

车辆管理所应当在办事大厅、候考场所和互联网公开各考场的考试能力、预约计划、预约人数和约考结果等情况，公布考场布局、考试路线和流程。考试预约计划应当至少在考试前 10 日在互联网上公开。

车辆管理所应当在候考场所、办事大厅向群众直播考试视频，考生可以在考试结束后 3 日内查询自己的考试视频资料。

车辆管理所应当严格比对、核验考生身份，对考试过程进行全程录音、录像，并实时监控考试过程，没有使用录音、录像设备的，不得组织考试（图 3-1）。严肃考试纪律，规范考场秩序，对考场秩序混乱的，应当中止考试。考试过程中，考试员应当使用执法记录仪记录监考过程。

图 3-1　科目一考场

车辆管理所应当建立音视频信息档案，存储录音、录像设备和执法记录仪记录的音像资料。建立考试质量抽查制度，每日抽查音视频信息档案，发现存在违反考试纪律、考场秩序混乱以及音视频信息缺失或者不完整的，应当进行调查处理。

省级公安机关交通管理部门应当定期抽查音视频信息档案，及时通报、纠正、查处发现的问题。

车辆管理所应当根据考试场地、考试设备、考试车辆、考试员数量等实际情况，核定每个考场、每个考试员每日最大考试量。

车辆管理所应当根据驾驶培训主管部门提供的信息对驾驶培训机构教练员、教练车、训练场地等情况进行备案。

公安机关交通管理部门应当建立业务监督管理中心，通过远程监控、数据分析、日常检查、档案抽查、业务回访等方式，对机动车驾驶人考试和机动车驾驶证业务办理情况进行监督管理。

直辖市、设区的市或者相当于同级的公安机关交通管理部门应当通过监管系统每周对机动车驾驶人考试情况进行监控、分析，及时查处整改发现的问题。省级公安机关交通管理部门应当通过监管系统每月对机动车驾驶人考试情况进行监控、分析，及时查处、通报发现的问题。

车辆管理所存在为未经考试或者考试不合格人员核发机动车驾驶证等严重违规办理机动车驾驶证业务情形的，上级公安机关交通管理部门可以暂停该车辆管理所办理相关业务或者指派其他车辆管理所人员接管业务。

县级公安机关交通管理部门办理机动车驾驶证业务的，办公场所、设施设备、人员资质和信息系统等应当满足业务办理需求，并符合相关规定和标准要求。

直辖市、设区的市公安机关交通管理部门应当加强对县级公安机关交通管理部门办理机动车驾驶证相关业务的指导、培训和监督管理。

公安机关交通管理部门应当对社会考场的场地设施、考试系统、考试工作等进行统一管理。

社会考场的考试系统应当接入机动车驾驶人考试管理系统，实时上传考试过程录音录像、考试成绩等信息。

直辖市、设区的市或者相当于同级的公安机关交通管理部门应当每月向社会公布车辆管理所考试员考试质量情况、3 年内驾龄驾驶人交通违法率和交通肇事率等信息。

直辖市、设区的市或者相当于同级的公安机关交通管理部门应当每月向社会公布辖区内驾驶培训机构的考试合格率、3 年内驾龄驾驶人交通违法率和交通肇事率等信息，按照考试合格率对驾驶培训机构培训质量公开排名，并通报培训主管部门。

对 3 年内驾龄驾驶人发生 1 次死亡 3 人以上交通事故且负主要以上责任的，省级公安机关交通管理部门应当倒查车辆管理所考试、发证情况，向社会公布倒查结果。

对 3 年内驾龄驾驶人发生 1 次死亡 1 或 2 人的交通事故且负主要以上责任的，直辖市、设区的市或者相当于同级的公安机关交通管理部门应当组织责任倒查。

　　直辖市、设区的市或者相当于同级的公安机关交通管理部门发现驾驶培训机构及其教练员存在缩短培训学时、减少培训项目以及贿赂考试员、以承诺考试合格等名义向学员索取财物、参与违规办理驾驶证或者考试舞弊行为的，应当通报培训主管部门，并向社会公布。

　　公安机关交通管理部门发现考场、考试设备生产销售企业及其工作人员存在组织或者参与考试舞弊、伪造或者篡改考试系统数据的，不得继续使用该考场或者采购该企业考试设备；构成犯罪的，依法追究刑事责任。

2. 驾驶证审验

　　机动车驾驶人应当按照法律、行政法规的规定，定期到公安机关交通管理部门接受审验。

　　机动车驾驶人换领机动车驾驶证时，应当接受公安机关交通管理部门的审验。

　　持有大型客车、重型牵引挂车、城市公交车、中型客车、大型货车驾驶证的驾驶人，应当在每个记分周期结束后 30 日内到公安机关交通管理部门接受审验。但在 1 个记分周期内没有记分记录的，免予本记分周期审验。

　　持有规定以外准驾车型驾驶证的驾驶人，发生交通事故造成人员死亡承担同等以上责任未被吊销机动车驾驶证的，应当在本记分周期结束后 30 日内到公安机关交通管理部门接受审验。

　　年龄在 70 周岁以上的机动车驾驶人发生责任交通事故造成人员重伤或者死亡的，应当在本记分周期结束后 30 日内到公安机关交通管理部门接受审验。

　　机动车驾驶人可以在机动车驾驶证核发地或者核发地以外的地方参加审验、提交身体条件证明。

　　机动车驾驶证审验内容包括：

　　1）道路交通安全违法行为、交通事故处理情况。

　　2）身体条件情况。

　　3）道路交通安全违法行为记分及记满 12 分后参加学习和考试情况。

　　持有大型客车、重型牵引挂车、城市公交车、中型客车、大型货车驾驶证 1 个记分周期内有记分的，以及持有其他准驾车型驾驶证发生交通事故造成人员死亡承担同等以上责任未被吊销机动车驾驶证的驾驶人，审验时应当参加不少于 3 小时的道路交通安全法律法规、交通安全文明驾驶、应急处置等知识学习，并接受交通事

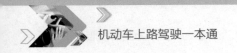

故案例警示教育。

年龄在 70 周岁以上的机动车驾驶人审验时还应当按照规定进行记忆力、判断力、反应力等能力测试。

对道路交通安全违法行为或者交通事故未处理完毕的、身体条件不符合驾驶许可条件的、未按照规定参加学习、教育和考试的，不予通过审验。

年龄在 70 周岁以上的机动车驾驶人，应当每年进行 1 次身体检查，在记分周期结束后 30 日内，提交医疗机构出具的有关身体条件的证明。

持有残疾人专用小型自动挡载客汽车驾驶证的机动车驾驶人，应当每 3 年进行 1 次身体检查，在记分周期结束后 30 日内，提交医疗机构出具的有关身体条件的证明。

机动车驾驶人因服兵役、出国（境）等原因，无法在规定时间内办理驾驶证期满换证、审验、提交身体条件证明的，可以在驾驶证有效期内或者有效期届满 1 年内向机动车驾驶证核发地车辆管理所申请延期办理。申请时应当确认申请信息，并提交机动车驾驶人的身份证明。

延期期限最长不超过 3 年。延期期间机动车驾驶人不得驾驶机动车。

3. 驾驶人监督管理

机动车驾驶人初次取得汽车类准驾车型或者初次取得摩托车类准驾车型后的 12 个月为实习期。在实习期内驾驶机动车的，应当在车身后部粘贴或者悬挂统一式样的实习标志（图 3-2）。

机动车驾驶人在实习期内不得驾驶公共汽车、营运客车或者执行任务的警车、消防车、救护车、工程救险车以及载有爆炸物品、易燃易爆化学物品、剧毒或者放射性等危险物品的机动车；驾驶的机动车不得牵引挂车。

图 3-2　实习标志

驾驶人在实习期内驾驶机动车上高速公路行驶，应当由持相应或者包含其准驾车型驾驶证 3 年以上的驾驶人陪同。其中，驾驶残疾人专用小型自动挡载客汽车的，可以由持有小型自动挡载客汽车以上准驾车型驾驶证的驾驶人陪同。

在增加准驾车型后的实习期内，驾驶原准驾车型的机动车时不受上述限制。

持有准驾车型为残疾人专用小型自动挡载客汽车的机动车驾驶人驾驶机动车时，

应当按规定在车身设置残疾人机动车专用标志。

有听力障碍的机动车驾驶人驾驶机动车时，应当佩戴助听设备。有视力矫正的机动车驾驶人驾驶机动车时，应当佩戴眼镜。

4. 驾驶证注销

机动车驾驶人有下列情形之一的，车辆管理所应当注销其机动车驾驶证：

1）死亡的。

2）提出注销申请的。

3）丧失民事行为能力，监护人提出注销申请的。

4）身体条件不适合驾驶机动车的。

5）有器质性心脏病、癫痫病、美尼尔氏症、眩晕症、癔病、震颤麻痹、精神病、痴呆以及影响肢体活动的神经系统疾病等妨碍安全驾驶疾病的。

6）被查获有吸食、注射毒品后驾驶机动车行为，依法被责令社区戒毒、社区康复或者决定强制隔离戒毒，或者长期服用依赖性精神药品成瘾尚未戒除的。

7）代替他人参加机动车驾驶人考试的。

8）超过机动车驾驶证有效期1年以上未换证的。

9）年龄在70周岁以上，在1个记分周期结束后1年内未提交身体条件证明的；或者持有残疾人专用小型自动挡载客汽车准驾车型，在3个记分周期结束后1年内未提交身体条件证明的。

10）年龄在60周岁以上，所持机动车驾驶证只具有轮式专用机械车、无轨电车或者有轨电车准驾车型，或者年龄在70周岁以上，所持机动车驾驶证只具有低速载货汽车、三轮汽车准驾车型的。

11）机动车驾驶证依法被吊销或者驾驶许可依法被撤销的。

有第2项至第11项情形之一，未收回机动车驾驶证的，应当公告机动车驾驶证作废。

有第8项情形被注销机动车驾驶证未超过2年的，机动车驾驶人参加道路交通安全法律、法规和相关知识考试合格后，可以恢复驾驶资格。申请人可以向机动车驾驶证核发地或者核发地以外的车辆管理所申请。

有第9项情形被注销机动车驾驶证，机动车驾驶证在有效期内或者超过有效期不满1年的，机动车驾驶人提交身体条件证明后，可以恢复驾驶资格。申请人可以向机动车驾驶证核发地或者核发地以外的车辆管理所申请。

有第2项至第9项情形之一，按规定申请机动车驾驶证，有道路交通安全违法行

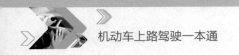

为或者交通事故未处理记录的，应当将道路交通安全违法行为、交通事故处理完毕。

机动车驾驶人在实习期内发生的道路交通安全违法行为被记满12分的，注销其实习的准驾车型驾驶资格。

5. 机动车驾驶人联系信息发生变化后的备案

机动车驾驶人联系电话、联系地址等信息发生变化的，应当在信息变更后30日内，向驾驶证核发地车辆管理所备案。

持有大型客车、重型牵引挂车、城市公交车、中型客车、大型货车驾驶证的驾驶人从业单位等信息发生变化的，应当在信息变更后30日内，向从业单位所在地车辆管理所备案。

6. 对营运驾驶人的管理

道路运输企业应当定期将聘用的机动车驾驶人向所在地公安机关交通管理部门备案，督促及时处理道路交通安全违法行为、交通事故和参加机动车驾驶证审验。

公安机关交通管理部门应当每月向辖区内交通运输主管部门、运输企业通报机动车驾驶人的道路交通安全违法行为、记分和交通事故等情况。

三、道路安全违法行为记分管理

1. 记分

机动车驾驶证有效期分为6年、10年和长期。

根据道路交通安全法规定，公安机关交通管理部门对机动车驾驶人的道路交通安全违法行为除给予行政处罚外，实行道路交通安全违法行为累积记分（以下简称记分）制度，记分周期为12个月。

对在1个记分周期内记分达到12分的，由公安机关交通管理部门扣留其机动车驾驶证，该机动车驾驶人应当按照规定参加道路交通安全法律、法规的学习并接受考试。考试合格的，记分予以清除，发还机动车驾驶证；考试不合格的，继续参加学习和考试。

应当给予记分的道路交通安全违法行为及其分值，由国务院公安部门根据道路交通安全违法行为的危害程度规定。

按照道路交通违法行为的严重程度，1次记分的分值为12分、9分、6分、3分、1分。

道路安全违法行为记分细则见表3-1。

表 3-1 道路安全违法行为记分细则

机动车驾驶人有下列交通违法行为之一的，一次记 12 分	
序号	交通违法行为
1	饮酒后驾驶机动车的
2	造成致人轻伤以上或者死亡的交通事故后逃逸，尚不构成犯罪的
3	使用伪造、变造的机动车号牌、行驶证、驾驶证、校车标牌或者使用其他机动车号牌、行驶证的
4	驾驶校车、公路客运汽车、旅游客运汽车载人超过核定人数 20% 以上，或者驾驶其他载客汽车载人超过核定人数 100% 以上的
5	驾驶校车、中型以上载客载货汽车、危险物品运输车辆在高速公路、城市快速路上行驶超过规定时速 20% 以上，或者驾驶其他机动车在高速公路、城市快速路上行驶超过规定时速 50% 以上的
6	驾驶机动车在高速公路、城市快速路上倒车、逆行、穿越中央分隔带掉头的
7	代替实际机动车驾驶人接受交通违法行为处罚和记分牟取经济利益的
机动车驾驶人有下列交通违法行为之一的，一次记 9 分	
序号	交通违法行为
1	驾驶 7 座以上载客汽车载人超过核定人数 50% 以上未达到 100% 的
2	驾驶校车、中型以上载客载货汽车、危险物品运输车辆在高速公路、城市快速路以外的道路上行驶超过规定时速 50% 以上的
3	驾驶机动车在高速公路或者城市快速路上违法停车的
4	驾驶未悬挂机动车号牌或者故意遮挡、污损机动车号牌的机动车上道路行驶的
5	驾驶与准驾车型不符的机动车的
6	未取得校车驾驶资格驾驶校车的
7	连续驾驶中型以上载客汽车、危险物品运输车辆超过 4 小时未停车休息或者停车休息时间少于 20 分钟的
机动车驾驶人有下列交通违法行为之一的，一次记 6 分	
序号	交通违法行为
1	驾驶校车、公路客运汽车、旅游客运汽车载人超过核定人数未达到 20%，或者驾驶 7 座以上载客汽车载人超过核定人数 20% 以上未达到 50%，或者驾驶其他载客汽车载人超过核定人数 50% 以上未达到 100% 的
2	驾驶校车、中型以上载客载货汽车、危险物品运输车辆在高速公路、城市快速路上行驶超过规定时速未达到 20%，或者在高速公路、城市快速路以外的道路上行驶超过规定时速 20% 以上未达到 50% 的

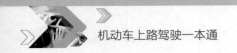

（续）

机动车驾驶人有下列交通违法行为之一的，一次记 6 分	
序号	交通违法行为
3	驾驶校车、中型以上载客载货汽车、危险物品运输车辆以外的机动车在高速公路、城市快速路上行驶超过规定时速 20% 以上未达到 50%，或者在高速公路、城市快速路以外的道路上行驶超过规定时速 50% 以上的
4	驾驶载货汽车载物超过最大允许总质量 50% 以上的
5	驾驶机动车载运爆炸物品、易燃易爆化学品以及剧毒、放射性等危险物品，未按指定的时间、路线、速度行驶或者未悬挂警示标志并采取必要的安全措施的
6	驾驶机动车运载超限的不可解体的物品，未按指定的时间、路线、速度行驶或者未悬挂警示标志的
7	驾驶机动车运输危险化学品，未经批准进入危险化学品运输车辆限制通行的区域的
8	驾驶机动车不按交通信号灯指示通行的
9	机动车驾驶证被暂扣或者扣留期间驾驶机动车的
10	造成致人轻微伤或者财产损失的交通事故后逃逸，尚不构成犯罪的
11	驾驶机动车在高速公路或者城市快速路上违法占用应急车道行驶的

机动车驾驶人有下列交通违法行为之一的，一次记 3 分	
序号	交通违法行为
1	驾驶校车、公路客运汽车、旅游客运汽车、7 座以上载客汽车以外的其他载客汽车载人超过核定人数 20% 以上未达到 50% 的
2	驾驶校车、中型以上载客载货汽车、危险物品运输车辆以外的机动车在高速公路、城市快速路以外的道路上行驶超过规定时速 20% 以上未达到 50% 的
3	驾驶机动车在高速公路或者城市快速路上不按规定车道行驶的
4	驾驶机动车不按规定超车、让行，或者在高速公路、城市快速路以外的道路上逆行的
5	驾驶机动车遇前方机动车停车排队或者缓慢行驶时，借道超车或者占用对面车道、穿插等候车辆的
6	驾驶机动车有拨打、接听手持电话等妨碍安全驾驶的行为的
7	驾驶机动车行经人行横道不按规定减速、停车、避让行人的
8	驾驶机动车不按规定避让校车的
9	驾驶载货汽车载物超过最大允许总质量 30% 以上未达到 50% 的，或者违反规定载客的
10	驾驶不按规定安装机动车号牌的机动车上道路行驶的
11	在道路上车辆发生故障、事故停车后，不按规定使用灯光或者设置警告标志的

（续）

机动车驾驶人有下列交通违法行为之一的，一次记3分	
序号	交通违法行为
12	驾驶未按规定定期进行安全技术检验的公路客运汽车、旅游客运汽车、危险物品运输车辆上道路行驶的
13	驾驶校车上道路行驶前，未对校车车况是否符合安全技术要求进行检查，或者驾驶存在安全隐患的校车上道路行驶的
14	连续驾驶载货汽车超过4小时未停车休息或者停车休息时间少于20分钟的
15	驾驶机动车在高速公路上行驶低于规定最低时速的
机动车驾驶人有下列交通违法行为之一的，一次记1分	
序号	交通违法行为
1	驾驶校车、中型以上载客载货汽车、危险物品运输车辆在高速公路、城市快速路以外的道路上行驶超过规定时速10%以上未达到20%的
2	驾驶机动车不按规定会车，或者在高速公路、城市快速路以外的道路上不按规定倒车、掉头的
3	驾驶机动车不按规定使用灯光的
4	驾驶机动车违反禁令标志、禁止标线指示的
5	驾驶机动车载货长度、宽度、高度超过规定的
6	驾驶载货汽车载物超过最大允许总质量未达到30%的
7	驾驶未按规定定期进行安全技术检验的公路客运汽车、旅游客运汽车、危险物品运输车辆以外的机动车上道路行驶的
8	驾驶擅自改变已登记的结构、构造或者特征的载货汽车上道路行驶的
9	驾驶机动车在道路上行驶时，机动车驾驶人未按规定系安全带的
10	驾驶摩托车，不戴安全头盔的

2. 满分处理

机动车驾驶人在1个记分周期内累积记分满12分的，公安机关交通管理部门应当扣留其机动车驾驶证，开具强制措施凭证，并送达满分教育通知书，通知机动车驾驶人参加满分学习、考试。

临时入境的机动车驾驶人在1个记分周期内累积记分满12分的，公安机关交通管理部门应当注销其临时机动车驾驶许可，并送达满分教育通知书。

机动车驾驶人在1个记分周期内累积记分满12分的，应当参加为期7天的道路交通安全法律、法规和相关知识学习。其中，大型客车、重型牵引挂车、城市公交车、中型客车、大型货车驾驶人应当参加为期 30 天的道路交通安全法律、法规和相关知识学习。

机动车驾驶人在 1 个记分周期内参加满分教育的次数每增加 1 次或者累积记分每增加 12 分，道路交通安全法律、法规和相关知识的学习时间增加 7 天，每次满分学习的天数最多 60 天。其中，大型客车、重型牵引挂车、城市公交车、中型客车、大型货车驾驶人在 1 个记分周期内参加满分教育的次数每增加 1 次或者累积记分每增加 12 分，道路交通安全法律、法规和相关知识的学习时间增加 30 天，每次满分学习的天数最多 120 天。

道路交通安全法律、法规和相关知识学习包括现场学习、网络学习和自主学习。网络学习应当通过公安机关交通管理部门互联网学习教育平台进行。

机动车驾驶人参加现场学习、网络学习的天数累计不得少于 5 天，其中，现场学习的天数不得少于 2 天。大型客车、重型牵引挂车、城市公交车、中型客车、大型货车驾驶人参加现场学习、网络学习的天数累计不得少于 10 天，其中，现场学习的天数不得少于 5 天。满分学习的剩余天数通过自主学习完成。

机动车驾驶人单日连续参加现场学习超过 3 小时或者参加网络学习时间累计超过 3 小时的，按照 1 天计入累计学习天数。同日既参加现场学习又参加网络学习的，学习天数不累积计算。

机动车驾驶人可以在机动车驾驶证核发地或者交通违法行为发生地、处理地参加公安机关交通管理部门组织的道路交通安全法律、法规和相关知识学习，并在学习地参加考试。

机动车驾驶人在 1 个记分周期内累积记分满 12 分，可以预约参加道路交通安全法律、法规和相关知识考试。考试不合格的，10 日后预约重新考试。

机动车驾驶人在 1 个记分周期内 2 次累积记分满 12 分或者累积记分满 24 分未满 36 分的，应当在道路交通安全法律、法规和相关知识考试合格后，按照《机动车驾驶证申领和使用规定》第四十四条的规定预约参加道路驾驶技能考试。考试不合格的，10 日后预约重新考试。

机动车驾驶人在 1 个记分周期内 3 次以上累积记分满 12 分或者累积记分满 36 分的，应当在道路交通安全法律、法规和相关知识考试合格后，按照《机动车驾驶证申领和使用规定》第四十三条和第四十四条的规定预约参加场地驾驶技能和道路驾驶技能考试。考试不合格的，10 日后预约重新考试。

机动车驾驶人经满分学习、考试合格且罚款已缴纳的，记分予以清除，发还机动车驾驶证。机动车驾驶人同时被处以暂扣机动车驾驶证的，在暂扣期限届满后发还机动车驾驶证。

满分学习、考试内容应当按照机动车驾驶证载明的准驾车型确定。

3. 记分减免

机动车驾驶人处理完交通违法行为记录后累积记分未满 12 分，参加公安机关交通管理部门组织的交通安全教育并达到规定要求的，可以申请在机动车驾驶人现有累积记分分值中扣减记分（图 3-3）。在 1 个记分周期内累计最高扣减 6 分。

图 3-3　交管 12123 学法减分

机动车驾驶人申请接受交通安全教育扣减交通违法行为记分的，公安机关交通管理部门应当受理。但有以下情形之一的，不予受理：

1）在本记分周期内或者上一个记分周期内，机动车驾驶人有 2 次以上参加满分教育记录的。

2）在最近 3 个记分周期内，机动车驾驶人因造成交通事故后逃逸，或者饮酒后驾驶机动车，或者使用伪造、变造的机动车号牌、行驶证、驾驶证、校车标牌，或者使用其他机动车号牌、行驶证，或者买分卖分受到过处罚的。

3）机动车驾驶证在实习期内，或者机动车驾驶证逾期未审验，或者机动车驾驶证被扣留、暂扣期间的。

4）机动车驾驶人名下有安全技术检验超过有效期或者未按规定办理注销登记的机动车的。

5）在最近 3 个记分周期内，机动车驾驶人参加接受交通安全教育扣减交通违法行为记分或者机动车驾驶人满分教育、审验教育时，有弄虚作假、冒名顶替记录的。

参加公安机关交通管理部门组织的道路交通安全法律、法规和相关知识网上学习 3 日内累计满 30 分钟且考试合格的，1 次扣减 1 分。

参加公安机关交通管理部门组织的道路交通安全法律、法规和相关知识现场学习满 1 小时且考试合格的，1 次扣减 2 分。

参加公安机关交通管理部门组织的交通安全公益活动的，满 1 小时为 1 次，1 次扣减 1 分。

交通违法行为情节轻微，给予警告处罚的，免予记分。

4. 法律责任

机动车驾驶人在 1 个记分周期内累积记分满 12 分，机动车驾驶证未被依法扣留或者收到满分教育通知书后 30 日内拒不参加公安机关交通管理部门通知的满分学习、考试的，由公安机关交通管理部门公告其机动车驾驶证停止使用。

机动车驾驶人请他人代为接受交通违法行为处罚和记分并支付经济利益的，由公安机关交通管理部门处所支付经济利益 3 倍以下罚款，但最高不超过 5 万元；同时，依法对原交通违法行为做出处罚。代替实际机动车驾驶人接受交通违法行为处罚和记分牟取经济利益的，由公安机关交通管理部门处违法所得 3 倍以下罚款，但最高不超过 5 万元；同时，依法撤销原行政处罚决定。组织他人实施牟取经济利益的，由公安机关交通管理部门处违法所得 5 倍以下罚款，但最高不超过 10 万元；有扰乱单位秩序等行为，构成违反治安管理行为的，依法予以治安管理处罚。

机动车驾驶人参加满分教育时在签注学习记录、满分学习考试中弄虚作假的，相应学习记录、考试成绩无效，由公安机关交通管理部门处 1000 元以下罚款。机动车驾驶人在参加接受交通安全教育扣减交通违法行为记分中弄虚作假的，由公安机关交通管理部门撤销相应记分扣减记录，恢复相应记分，处 1000 元以下罚款。代替实际机动车驾驶人参加满分教育签注学习记录、满分学习考试或者接受交通安全教育扣减交通违法行为记分的，由公安机关交通管理部门处 2000 元以下罚款。组织他人实施前三款行为之一，有违法所得的，由公安机关交通管理部门处违法所得 3 倍以下罚款，但最高不超过 2 万元；没有违法所得的，由公安机关交通管理部门处 2 万元以下罚款。

交通警察有下列情形之一的，按照有关规定给予处分；警务辅助人员有下列情形之一的，予以解聘；构成犯罪的，依法追究刑事责任：

1）当事人对实施处罚和记分提出异议拒不核实，或者经核实属实但不纠正、整改的。

2）为未经满分学习考试、考试不合格人员签注学习记录、合格考试成绩的。

3）在满分考试时，减少考试项目、降低评判标准或者参与、协助、纵容考试舞弊的。

4）为不符合记分扣减条件的机动车驾驶人扣减记分的。

5）串通他人代替实际机动车驾驶人接受交通违法行为处罚和记分的。

6）弄虚作假，将记分分值高的交通违法行为变更为记分分值低或者不记分的交通违法行为的。

7）故意泄露、篡改系统记分数据的。

8）根据交通技术监控设备记录资料处理交通违法行为时，未严格审核当事人提供的证据材料，导致他人代替实际机动车驾驶人接受交通违法行为处罚和记分，情节严重的。

四、发证、换证与补证

1. 驾驶证发证

申请人考试合格后，应当接受不少于半小时的交通安全文明驾驶常识和交通事故案例警示教育，并参加领证宣誓仪式。

车辆管理所应当在申请人参加领证宣誓仪式的当日核发机动车驾驶证。

公安机关交通管理部门应当实行机动车驾驶证电子化，机动车驾驶人可以通过互联网交通安全综合服务管理平台申请机动车驾驶证电子版（图3-4）。

机动车驾驶证电子版与纸质版具有同等效力。

图3-4　机动车驾驶证电子版

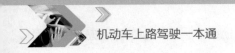

2. 驾驶证换证

机动车驾驶人在机动车驾驶证的 6 年有效期内，每个记分周期均未记满 12 分的，换发 10 年有效期的机动车驾驶证；在机动车驾驶证的 10 年有效期内，每个记分周期均未记满 12 分的，换发长期有效的机动车驾驶证。

机动车驾驶人应当于机动车驾驶证有效期满前 90 日内，向机动车驾驶证核发地或者核发地以外的车辆管理所申请换证。申请时应当确认申请信息，并提交以下证明、凭证：

1）机动车驾驶人的身份证明。

2）医疗机构出具的有关身体条件的证明。

机动车驾驶人户籍迁出原车辆管理所管辖区的，应当向迁入地车辆管理所申请换证。机动车驾驶人在核发地车辆管理所管辖区以外居住的，可以向居住地车辆管理所申请换证。申请时应当确认申请信息，提交机动车驾驶人的身份证明和机动车驾驶证，并申报身体条件情况。

年龄在 60 周岁以上的，不得驾驶大型客车、重型牵引挂车、城市公交车、中型客车、大型货车、轮式专用机械车、无轨电车和有轨电车。持有大型客车、重型牵引挂车、城市公交车、中型客车、大型货车驾驶证的，应当到机动车驾驶证核发地或者核发地以外的车辆管理所换领准驾车型为小型汽车或者小型自动挡汽车的机动车驾驶证，其中属于持有重型牵引挂车驾驶证的，还可以保留轻型牵引挂车准驾车型。

年龄在 70 周岁以上的，不得驾驶低速载货汽车、三轮汽车、轻型牵引挂车、普通三轮摩托车、普通二轮摩托车。持有普通三轮摩托车、普通二轮摩托车驾驶证的，应当到机动车驾驶证核发地或者核发地以外的车辆管理所换领准驾车型为轻便摩托车的机动车驾驶证；持有驾驶证包含轻型牵引挂车准驾车型的，应当到机动车驾驶证核发地或者核发地以外的车辆管理所换领准驾车型为小型汽车或者小型自动挡汽车的机动车驾驶证。

有前两款规定情形之一的，车辆管理所应当通知机动车驾驶人在 30 日内办理换证业务。机动车驾驶人逾期未办理的，车辆管理所应当公告准驾车型驾驶资格作废。

机动车驾驶人自愿降低准驾车型的，应当确认申请信息，并提交机动车驾驶人的身份证明和机动车驾驶证。

有下列情形之一的，机动车驾驶人应当在 30 日内到机动车驾驶证核发地或者核发地以外的车辆管理所申请换证：

1）在车辆管理所管辖区域内，机动车驾驶证记载的机动车驾驶人信息发生变化的。

2）机动车驾驶证损毁无法辨认的。

机动车驾驶人身体条件发生变化，不符合所持机动车驾驶证准驾车型的条件，但符合准予驾驶的其他准驾车型条件的，应当在 30 日内到机动车驾驶证核发地或者核发地以外的车辆管理所申请降低准驾车型。申请时应当确认申请信息，并提交机动车驾驶人的身份证明、医疗机构出具的有关身体条件的证明。

机动车驾驶人身体条件发生变化，不符合《机动车驾驶证申领和使用规定》第十四条第二项规定或者具有第十五条规定情形之一，不适合驾驶机动车的，应当在 30 日内到机动车驾驶证核发地车辆管理所申请注销。申请时应当确认申请信息，并提交机动车驾驶人的身份证明和机动车驾驶证。

机动车驾驶人身体条件不适合驾驶机动车的，不得驾驶机动车。

3. 驾驶证补证

机动车驾驶证遗失的，机动车驾驶人应当向机动车驾驶证核发地或者核发地以外的车辆管理所申请补发。申请时应当确认申请信息，并提交机动车驾驶人的身份证明。符合规定的，车辆管理所应当在 1 日内补发机动车驾驶证。

机动车驾驶人补领机动车驾驶证后，原机动车驾驶证作废，不得继续使用。

机动车驾驶证被依法扣押、扣留或者暂扣期间，机动车驾驶人不得申请补发。

第四章 交通信号灯

一、交通信号灯的分类

交通信号灯是指挥交通运行的信号灯，一般由红灯、绿灯、黄灯组成，如图 4-1 所示。

图 4-1 交通信号灯

红灯表示禁止通行，绿灯表示准许通行，黄色灯指示警示。

交通信号灯按用途可分为机动车信号灯、非机动车信号灯、人行横道信号灯、车道信号灯、方向指示信号灯、闪光警告信号灯、道路与铁路平面交叉道口信号灯，如图 4-2 所示。

a）闪光警告信号灯　　　b）道路与铁路平面交叉道口信号灯

图 4-2 交通信号灯的分类

交通信号灯按颜色可分为两种，一种是用于指挥车辆的红、黄、绿三色信号灯，设置在十字路口显眼的地方，叫作车辆交通指挥灯；另一种是用于指挥行人横过马路的红、绿两色信号灯，设置在人行横道的两端，叫作人行横道灯，如图4-3所示。

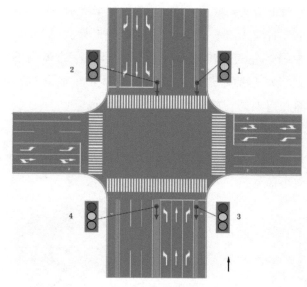

a）车辆交通指挥灯

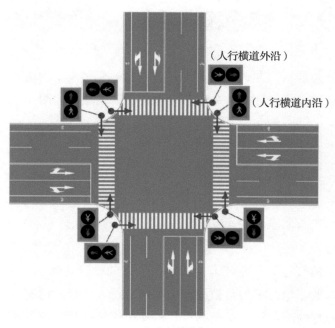

b）人行横道灯

图4-3 不同交通信号灯

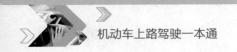

二、交通信号灯的组合及其含义

（1）常规组合1

竖向安装，从上向下应为红、黄、绿，如图4-4所示。

横向安装，由左至右应为红、黄、绿，如图4-5所示。

机动车信号灯中绿灯亮表示准许车辆通行，但转弯的车辆不得妨碍被放行的直行车辆、行人通行；机动车信号灯的红灯亮表示禁止车辆通行，但右转弯的车辆在不妨碍被放行的车辆和行人通行的情况下，可以通行。

（2）常规组合2

竖向安装，分为两组，左边一组为左转方向指示信号灯，从上向下应为红、黄、绿，右边一组为机动车信号灯，从上向下应为红、黄、绿，如图4-6所示。

图4-4　竖向安装（一）　　图4-5　横向安装（一）　　图4-6　竖向安装（二）

横向安装，分为两组，左边一组为左转方向指示信号灯，从左到右应为红、黄、绿，右边一组为机动车信号灯，从左到右应为红、黄、绿，如图4-7所示。

图4-7　横向安装（二）

机动车信号灯的绿灯亮，左转方向指示信号灯的红灯亮表示：直行和右转方向可通行，左转禁行。

机动车信号灯的红灯亮，左转方向指示信号灯的绿灯亮表示：左转方向可通行，直行禁行，右转弯的车辆在不妨碍被放行的车辆、行人通行的情况下，可以通行。

方向指示信号灯的绿色发光单元不得与机动车信号灯的绿色发光单元同亮。

允许左转方向指示信号灯中所有发光单元均熄灭，此时相当于常规组合1。

（3）特殊组合 1

竖向安装，分为两组，左边一组为机动车信号灯，从上向下应为红、黄、绿，右边一组为右转方向指示信号灯，从上向下应为红、黄、绿，如图 4-8 所示。

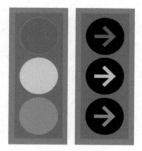

图 4-8　竖向安装（三）

横向安装，分为两组，左边一组为机动车信号灯，从左到右应为红、黄、绿，右边一组为右转方向指示信号灯，从左到右应为红、黄、绿，如图 4-9 所示。

图 4-9　横向安装（三）

（4）特殊组合 2

竖向安装，分为三组，如图 4-10 所示。左边一组为左转方向指示信号灯，从上向下应为红、黄、绿；中间一组为机动车信号灯，从上向下应为红、黄、绿；右边一组为右转方向指示信号灯，从上向下应为红、黄、绿。

图 4-10　竖向安装（四）

横向安装，分为三组，如图 4-11 所示。左边一组为左转方向指示信号灯，从左到右应为红、黄、绿；中间一组为机动车信号灯，从左到右应为红、黄、绿；右边一组为右转方向指示信号灯，从左到右应为红、黄、绿。

图 4-11　横向安装（四）

机动车信号灯的绿灯亮，左转和右转方向指示信号灯的红灯亮表示：直行方向可通行，左转右转禁行；机动车信号灯和右转方向指示信号灯的红灯亮，左转方向指示信号灯的绿灯亮表示：左转方向可通行，直行和右转禁行。

（5）特殊组合 3

竖向安装，采用左、直、右三组方向指示信号灯，信号灯排列顺序由上向下应为红、黄、绿，如图 4-12 所示。

图 4-12　竖向安装（五）

横向安装，采用左、直、右三组方向指示信号灯，信号灯排列顺序由左至右应为红、黄、绿，如图 4-13 所示。

图 4-13　横向安装（五）

第五章 交通警察交通指挥手势

一、停止信号

示意：不准前方车辆通行。

1）左臂由前向上直伸与身体成135度，掌心向前与身体平行，五指并拢，面部及目光平视前方（图5-1）。

2）左臂垂直放下，恢复立正姿势（图5-2）。

图5-1　　　　　　图5-2

二、直行信号

示意：准许右方直行的车辆通行。

1）左臂向左平伸与身体成90度，掌心向前，五指并拢，面部及目光同时转向左方45度（图5-3）。

2）右臂向右平伸与身体成90度，掌心向前，五指并拢，面部及目光同时转向右方45度（图5-4）。

图5-3　　　　图5-4

3）右臂水平向左摆动与身体成90度，小臂弯屈至与大臂成90度，掌心向内与左胸衣兜相对，小臂与前胸平行，面部及目光同时转向左方45度（图5-5）。

4）右大臂不动，右小臂水平向右摆动与身体成90度，掌心向左，五指并拢（图5-6）。

图5-5　　　　　　　　　　　图5-6

5）右小臂弯屈至与大臂成90度，掌心向内与左胸衣兜相对，与前胸平行，完成第二次摆动（图5-7）。

6）收右臂（图5-8）。

图5-7　　　　　　　　　　　图5-8

7）收左臂，面部及目光转向前方，恢复立正姿势。

三、左转弯信号

示意：准许车辆左转弯，在不妨碍被放车辆通行的情况下可以调头。

1）右臂向前平伸与身体成90度，掌心向前，手掌与手臂夹角不小于60度，五指并拢，面部及目光同时转向左方45度（图5-9）。

2）左臂与手掌平直向右前方摆动，手臂与身体成45度，掌心向右，中指尖至上衣中缝，高度至上衣最下面一个纽扣（图5-10）。

图 5-9

图 5-10

3）左臂回位至不超过裤缝，面部及目光保持目视左方 45 度，完成第一次摆动（图 5-11）。

4）重复动作 2），重复动作 3），完成第二次摆动。收右臂，面部及目光转向前方，恢复立正姿势。

图 5-11

四、左转弯待转信号

示意：准许左方左转弯的车辆进入路口，沿左转弯行驶方向靠近路口中心，等候左转弯信号。

1）左臂向左平伸与身体成 45 度，掌心向下，五指并拢，面部及目光同时转向左方 45 度（图 5-12）。

2）左臂与手掌平直向下方摆动，手臂与身体成 15 度，面部及目光保持目视左方 45 度，完成第一次摆动（图 5-13）。

图 5-12

图 5-13

3）重复动作 1），重复动作 2），完成第二次摆动。收左臂，面部及目光转向前方，恢复立正姿势。

五、右转弯信号

示意：准许右方的车辆右转弯。

1）左臂向前平伸与身体成90度，掌心向前，手掌与手臂夹角不低于60度，五指并拢，面部及目光同时转向右方45度（图5-14）。

2）右臂与手掌平直向左前方摆动，手臂与身体成45度，掌心向左，中指尖至上衣中缝，高度至上衣最下面一个纽扣（图5-15）。

图5-14   图5-15

3）右臂回位至不超过裤缝，面部及目光保持目视右方45度，完成第一次摆动（图5-16）。

4）重复动作2），重复动作3），完成第二次摆动。收左臂，面部及目光转向前方，恢复立正姿势。

图5-16

六、变道信号

示意：车辆腾空指定的车道，减速慢行。

1）面向来车方向，右臂向前平伸与身体成 90 度，掌心向左，五指并拢，面部及目光平视前方（图 5–17）。

2）右臂向左水平摆动与身体成 45 度，完成第一次摆动（图 5–18）。

图 5–17　　　　　　　　　　　　　　　　图 5–18

3）恢复至动作 1），重复动作 2），完成第二次摆动。收右臂，恢复立正姿势。

七、减速慢行信号

示意：车辆减速慢行。

1）右臂向右前方平伸，与肩平行，与身体成 135 度，掌心向下，五指并拢，面部及目光同时转向右方 45 度（图 5–19）。

2）右臂与手掌平直向下方摆动，手臂与身体成 45 度，面部及目光保持目视右方 45 度，完成第一次摆动（图 5–20）。

图 5–19　　　　　　　　　　　　　　　　图 5–20

3）重复动作 1），重复动作 2），完成第二次摆动。收右臂，面部及目光转向前方，恢复立正姿势。

八、示意车辆靠边停车信号

示意：车辆靠边停车。

1）面向来车方向，右臂前伸与身体成45度，掌心向左，五指并拢，面部及目光平视前方（图5-21）。

2）左臂由前向上伸直与身体成135度，掌心向前与身体平行，五指并拢（图5-22）。

图5-21　　　　　　　　　　图5-22

3）右臂向左水平摆动与身体成45度，完成第一次摆动（图5-23）。

图5-23

4）右臂恢复至动作1），重复动作3），完成第二次摆动。右臂恢复至动作1），双臂同时放下，恢复立正姿势。

第六章　道路通行规定 **06**

一、交通信号灯规定

1. 机动车信号灯和非机动车信号灯规定

1）绿灯亮时，准许车辆通行，但转弯的车辆不得妨碍被放行的直行车辆、行人通行（图 6-1）。

2）黄灯亮时，已越过停止线的车辆可以继续通行（图 6-2）。

机动车信号灯和非机动车信号灯规定

通过路口

图 6-1　绿灯亮时，准许车辆通行

图 6-2　黄灯亮时，已越过停止线的车辆可以继续通行

3）红灯亮时，禁止车辆通行（图 6-3）。在未设置非机动车信号灯和人行横道信号灯的路口，非机动车和行人应当按照机动车信号灯的表示通行。红灯亮时，右转弯的车辆在不妨碍被放行的车辆、行人通行的情况下，可以通行。

图 6-3　红灯亮时，禁止车辆通行

2. 人行横道信号灯规定

1）绿灯亮时，准许行人通过人行横道（图 6-4）。

2）红灯亮时，禁止行人进入人行横道（图6-5），但是已经进入人行横道的，可以继续通过或者在道路中心线处停留等候。

人行横道信号灯规定

图6-4　绿灯亮时，准许行人通过人行横道

图6-5　红灯亮时，禁止行人进入人行横道

3. 车道信号灯规定

1）绿色箭头灯亮时，准许本车道车辆按指示方向通行（图6-6）。

2）红色叉形灯或者箭头灯亮时，禁止本车道车辆通行（图6-7）。

车道信号灯规定

图6-6 绿色箭头灯亮时，准许本车道车辆按指示方向通行

图6-7 红色叉形灯或者箭头灯亮时，禁止本车道车辆通行

4. 方向指示信号灯规定

方向指示信号灯的箭头方向向左、向上、向右分别表示左转、直行、右转（图6-8）。

方向指示信号灯
规定

图6-8　方向指示信号灯

5. 闪光警告信号灯规定

闪光警告信号灯为持续闪烁的黄灯，提示车辆、行人通行时注意瞭望，确认安全后通过（图6-9）。

闪光警告信号灯
规定

图6-9　闪光警告信号灯

6. 道路与铁路平面交叉道口信号灯规定

1）道路与铁路平面交叉道口有两个红灯交替闪烁或者一个红灯亮时，表示禁止车辆、行人通行（图6-10）。

2）红灯熄灭时，表示允许车辆、行人通行（图6-11）。

道路与铁路平面交叉道口信号灯规定

安全通过铁路道口

图6-10 禁止车辆、行人通行

图6-11 允许车辆、行人通行

二、机动车通行规定

1. 车道行驶规定

1）在道路同方向划有2条以上机动车道的，左侧为快速车道，右侧为慢速车道。在快速车道行驶的机动车应当按照快速车道规定的速度行驶，未达到快速车道规定的行驶速度的，应当在慢速车道行驶（图6-12）。

车道行驶规定

图6-12　机动车道

2）摩托车应当在最右侧车道行驶（图6-13）。

图6-13　摩托车应当在最右侧车道行驶

3）有交通标志标明行驶速度的，按照标明的行驶速度行驶。慢速车道内的机动车超越前车时，可以借用快速车道行驶（图6-14）。

图6-14　可以借用快速车道行驶

4）在道路同方向划有2条以上机动车道的，变更车道的机动车不得影响相关车道内行驶的机动车的正常行驶（图6-15）。

图6-15　变更车道的机动车

2. 限速规定

机动车在道路上行驶不得超过限速标志、标线标明的速度。在没有限速标志、标线的道路上，机动车不得超过下列最高行驶速度：1）没有道路中心线的道路，城市道路为每小时30公里，公路为每小时40公里；2）同方向只有1条机动车道的道路，城市道路为每小时50公里，公路为每小时70公里。

机动车行驶中遇有下列情形之一的，最高行驶速度不得超过每小时30公里，其中拖拉机、电瓶车、轮式专用机械车不得超过每小时15公里：1）进出非机动车道，通过铁路道口、急弯路、窄路、窄桥时；2）掉头、转弯、下陡坡时；3）遇雾、雨、雪、沙尘、冰雹，能见度在50米以内时；4）在冰雪、泥泞的道路上行驶时；5）牵引发生故障的机动车时。

3. 超车规定

机动车超车时，应当提前开启左转向灯，变换使用远、近光灯或者鸣喇叭。

1）在没有道路中心线或者同方向只有1条机动车道的道路上，前车遇后车发出超车信号时，在条件许可的情况下，应当降低速度、靠右让路。

2）后车应当在确认有充足的安全距离后，从前车的左侧超越（图6-16）。

3）在与被超车辆拉开必要的安全距离后，开启右转向灯，驶回原车道（图6-17）。

超车规定

图6-16 后车从左侧超车

图6-17　开启右转向灯，驶回原车道

4. 会车规定

在没有中心隔离设施或者没有中心线的道路上，机动车遇相对方向来车时应当遵守下列规定：

1）减速靠右行驶，并与其他车辆、行人保持必要的安全距离。

2）在有障碍的路段，无障碍的一方先行。

3）有障碍的一方已驶入障碍路段而无障碍的一方未驶入时，有障碍的一方先行（图6-18）。

4）在狭窄的坡路，上坡的一方先行，但下坡的一方已行至中途而上坡的一方未上坡时，下坡的一方先行。

5）在狭窄的山路，不靠山体的一方先行。

6）夜间会车应当在距相对方向来车150米以外改用近光灯，在窄路、窄桥与非机动车会车时应当使用近光灯。

5. 掉头规定

1）机动车在有禁止掉头（图6-19）或者禁止左转弯标志、标线的地点，以及在铁路道口、人行横道、桥梁、急弯、陡坡、隧道或者容易发生危险的路段，不得掉头。

会车

图 6-18　有障碍的路段

掉头规定

汽车掉头

图 6-19　禁止掉头标志

2）机动车在没有禁止掉头或者没有禁止左转弯标志、标线的地点可以掉头，但不得妨碍正常行驶的其他车辆和行人的通行（图 6-20）。

6. 倒车规定

机动车倒车时，应当查明车后情况，确认安全后倒车。不得在铁路道口、交叉路口、单行路、桥梁、急弯、陡坡或者隧道中倒车。

图6-20　车辆掉头

7. 机动车通过有交通信号灯控制的交叉路口规定

1）在划有导向车道的路口，按所需行进方向驶入导向车道。

2）准备进入环形路口的让已在路口内的机动车先行（图6-21）。

3）向左转弯时，靠路口中心点左侧转弯（图6-22）。

图6-21　让已在路口内的机动车先行

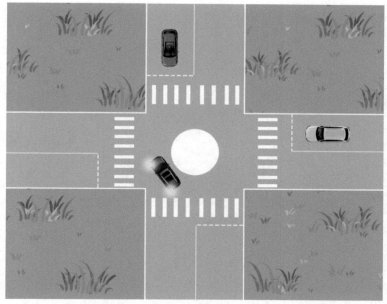

图 6-22　向左转弯时，靠路口中心点左侧转弯

4）转弯时开启转向灯，夜间行驶开启近光灯（图 6-23）。

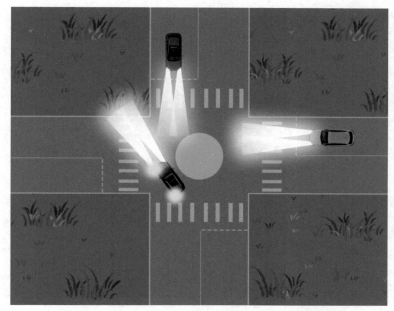

图 6-23　转弯时开启转向灯，夜间行驶开启近光灯

5）遇放行信号时，依次通过（图 6-24）。

6）遇停止信号时，依次停在停止线以外。没有停止线的，停在路口以外（图 6-25）。

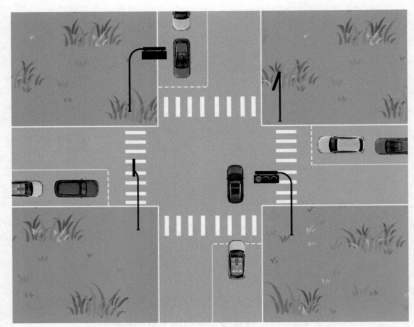

图 6-24　遇放行信号时，依次通过

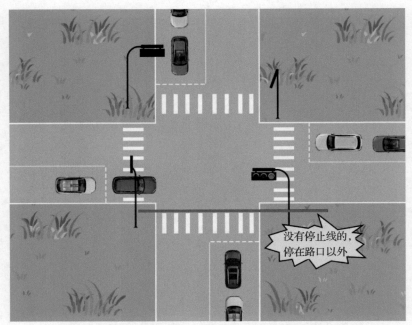

图 6-25　遇停止信号时，依次停在停止线以外

7）向右转弯遇有同车道前车正在等候放行信号时，依次停车等候（图 6-26）。

8）在没有方向指示信号灯的交叉路口，转弯的机动车让直行的车辆、行人先行（图 6-27）。

图 6-26　依次停车等候

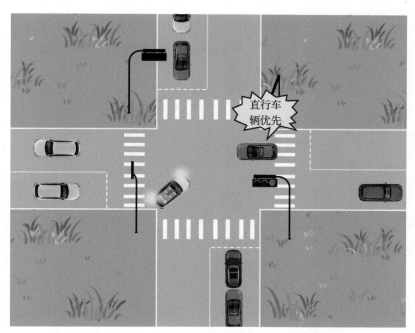

图 6-27　转弯的机动车让直行的车辆先行

9）相对方向行驶的右转弯机动车让左转弯车辆先行（图 6-28）。

安全通过路口

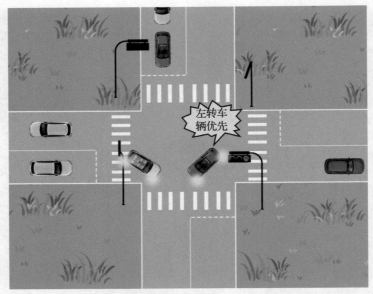

左转车辆优先

图 6-28　相对方向行驶的右转弯机动车让左转弯车辆先行

8. 机动车通过没有交通信号灯控制也没有交通警察指挥的交叉路口规定

1）有交通标志、标线控制的，让优先通行的一方先行（图 6-29）。

机动车通过没有交通信号灯控制也没有交通警察指挥的交叉路口规定

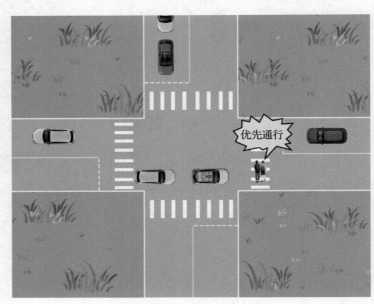

优先通行

图 6-29　让行人优先通行

2）没有交通标志、标线控制的，在进入路口前停车瞭望，让右方道路的来车先行（图 6-30）。

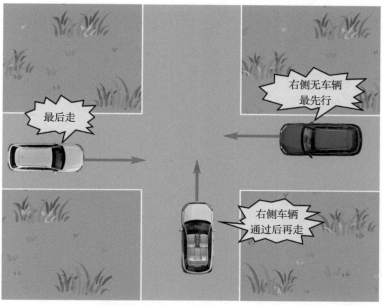

图 6-30 让右方道路的来车先行

3）转弯的机动车让直行的车辆先行（图 6-31）。

4）相对方向行驶的右转弯的机动车让左转弯的车辆先行（图 6-32）。

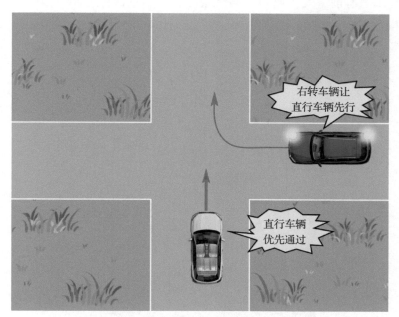

图 6-31 转弯的机动车让直行的车辆先行

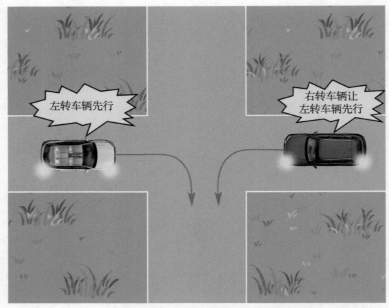

图 6-32　相对方向行驶的右转弯的机动车让左转弯的车辆先行

9. 交通不顺畅时的通行规定

1）机动车遇有前方交叉路口交通阻塞时，应当依次停在路口以外等候，不得进入路口（图 6-33）。

交通不顺畅时的通行规定

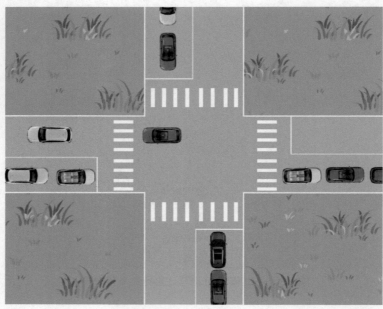

图 6-33　遇有前方交叉路口交通阻塞时，应当依次停在路口以外等候

2）机动车在遇有前方机动车停车排队等候或者缓慢行驶时，应当依次排队，不得从前方车辆两侧穿插或者超越行驶（图6-34）。

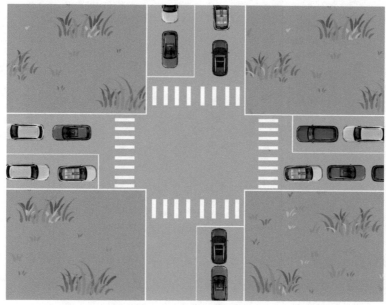

图6-34 不得从前方车辆两侧穿插或者超越行驶

3）不得在人行横道（图6-35）、网状线区域（图6-36）内停车等候。

图6-35 不得在人行横道区域内停车等候

图6-36　不得在网状线区域内停车等候

4）机动车在车道减少的路口、路段，遇有前方机动车停车排队等候或者缓慢行驶的，应当每车道一辆依次交替驶入车道减少后的路口、路段（图6-37）。

图6-37　每车道一辆依次交替驶入车道减少后的路口、路段

10. 机动车装载规定

（1）载物要求

机动车载物不得超过机动车行驶证上核定的载质量，装载长度、宽度不得超出

车厢，并应当遵守下列规定：

1）重型、中型载货汽车，半挂车载物，高度从地面起不得超过 4 米，载运集装箱的车辆不得超过 4.2 米（图 6-38）。

图 6-38　重型、中型载货汽车及载运集装箱车辆装载高度要求

2）其他载货的机动车载物，高度从地面起不得超过 2.5 米（图 6-39）。

图 6-39　其他载货机动车的装载高度要求

3）摩托车载物，高度从地面起不得超过 1.5 米，长度不得超出车身 0.2 米（图 6-40）。两轮摩托车载物宽度左右各不得超出车把 0.15 米（图 6-41）。

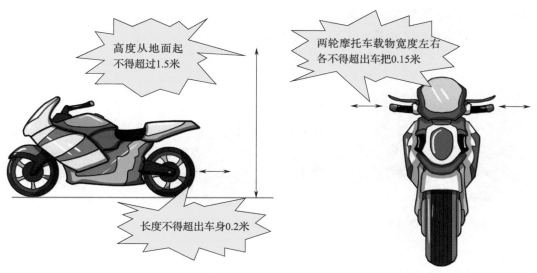

图 6-40　摩托车装载高度和长度要求　　　　图 6-41　摩托车装载宽度要求

4）三轮摩托车载物宽度不得超过车身。

5）载客汽车除车身外部的行李架和内置的行李舱外，不得载货。载客汽车行李架载货，从车顶起高度不得超过 0.5 米，从地面起高度不得超过 4 米（图 6-42）。

图 6-42　客车外部装载高度要求

（2）载人要求

机动车载人应当遵守下列规定：

1）公路载客汽车不得超过核定的载客人数，但按照规定免票的儿童除外，在载客人数已满的情况下，按照规定免票的儿童不得超过核定载客人数的 10%。

2）载货汽车车厢不得载客（图 6-43）。在城市道路上，货运机动车在留有安全位置的情况下，车厢内可以附载临时作业人员 1 人至 5 人，但载物高度超过车厢栏板时，货物上不得载人（图 6-44）。

3）摩托车后座不得乘坐未满 12 周岁的未成年人，轻便摩托车不得载人。

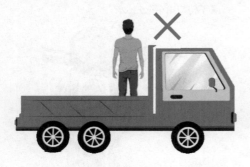

图 6-43　载货汽车车厢不得载客

图 6-44　载物高度超过车厢栏板时，货物上不得载人

11. 牵引挂车规定

机动车牵引挂车应当符合下列规定：

1）载货汽车、半挂牵引车、拖拉机只允许牵引 1 辆挂车（图 6-45）。挂车的灯光信号、制动、连接、安全防护等装置应当符合国家标准。

图 6-45 载货汽车、半挂牵引车、拖拉机只允许牵引 1 辆挂车

2）小型载客汽车只允许牵引旅居挂车或者总质量 700 千克以下的挂车。挂车不得载人（图 6-46）。

图 6-46 小型载客汽车只允许牵引旅居挂车或者总质量 700 千克以下的挂车

3）载货汽车所牵引挂车的载质量不得超过载货汽车本身的载质量。

4）大型、中型载客汽车，低速载货汽车，三轮汽车以及其他机动车不得牵引挂车。

12. 灯光使用规定

1）向左转弯、向左变更车道、准备超车、驶离停车地点或者掉头时，应当提前开启左转向灯（图 6-47）。

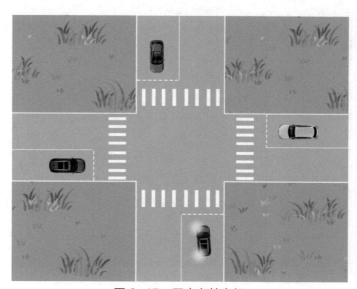

图 6-47 开启左转向灯

2）向右转弯、向右变更车道、超车完毕驶回原车道、靠路边停车时，应当提前开启右转向灯。

3）机动车在夜间没有路灯、照明不良或者在雾、雨、雪、沙尘、冰雹等低能见度情况下行驶时，应当开启前照灯、示廓灯和后位灯（图6-48）。

图6-48　夜间开启前照灯、示廓灯和后位灯

4）同方向行驶的后车与前车近距离行驶时，不得使用远光灯。

5）机动车雾天行驶应当开启雾灯和危险警告闪光灯（图6-49）。

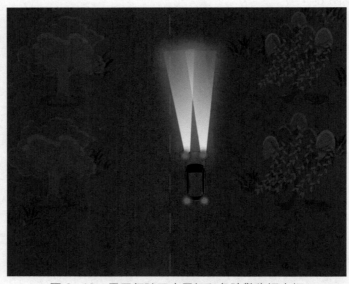

图6-49　雾天行驶开启雾灯和危险警告闪光灯

6）机动车在夜间通过急弯、坡路、拱桥、人行横道或者没有交通信号灯控制的路口时，应当交替使用远光灯和近光灯示意。

13. 机动车在道路上发生故障或者发生交通事故时的规定

机动车在道路上发生故障或者发生交通事故，妨碍交通又难以移动的，应当按照规定开启危险警告闪光灯，并在车后 50 米至 100 米处设置警告标志（图 6-50），夜间还应当同时开启示廓灯和后位灯（图 6-51）。

图 6-50　遇故障停车时开启危险警告闪光灯并设置警告标志

图 6-51　夜间还应当同时开启示廓灯和后位灯

14.故障机动车牵引规定

1）被牵引的机动车除驾驶人外不得载人，不得拖带挂车。

2）被牵引的机动车宽度不得大于牵引机动车的宽度。

3）使用软连接牵引装置时，牵引车与被牵引车之间的距离应当大于4米且小于10米（图6-52）。

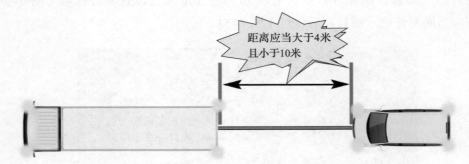

图6-52　使用软连接牵引装置时，牵引车与被牵引车之间的距离规定

4）对制动失效的被牵引车，应当使用硬连接牵引装置牵引（图6-53）。

图6-53　对制动失效的被牵引车，应当使用硬连接牵引装置牵引

5）牵引车和被牵引车均应当开启危险报警闪光灯（图6-52）。

6）汽车吊车和轮式专用机械车不得牵引车辆。摩托车不得牵引车辆或者被其他车辆牵引。

7）转向或者照明、信号装置失效的故障机动车，应当使用专用清障车拖曳（图6-54）。

图6-54　专用清障车

15. 安全驾驶机动车行为规定

1）不得在车门、车厢没有关好时行车。

2）不得在机动车驾驶舱的前后窗范围内悬挂、放置妨碍驾驶人视线的物品（图6-55）。

图6-55 不得在驾驶舱的前后窗范围内悬挂、放置妨碍驾驶人视线的物品

3）不得有拨打接听手持电话、观看电视等妨碍安全驾驶的行为。

4）不得在下陡坡时熄火或者空挡滑行。

5）不得向道路上抛撒物品。

6）不得驾驶摩托车手离车把或者在车把上悬挂物品。

7）不得连续驾驶机动车超过4小时未停车休息或者停车休息时间少于20分钟。

8）不得在禁止鸣喇叭的区域或者路段鸣喇叭。

16. 临时停车规定

1）在设有禁停标志、标线的路段，在机动车道与非机动车道、人行道之间设有隔离设施的路段以及人行横道、施工地段，不得停车（图6-56）。

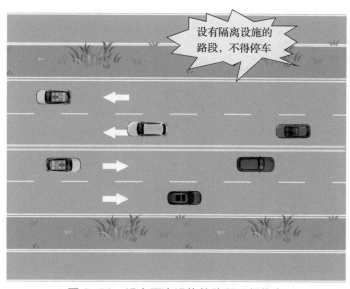

图6-56 设有隔离设施的路段不得停车

2）交叉路口、铁路道口、急弯路、宽度不足 4 米的窄路、桥梁、陡坡、隧道以及距离上述地点 50 米以内的路段，不得停车。

3）公共汽车站、急救站、加油站、消防栓或者消防队（站）门前以及距离上述地点 30 米以内的路段，除使用上述设施的以外，不得停车（图 6-57）。

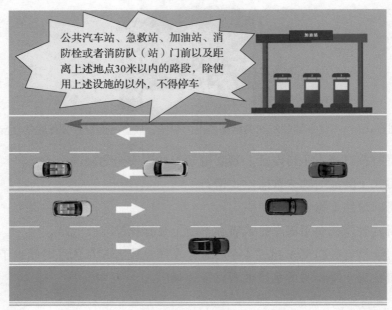

图 6-57　加油站等特殊路段禁停

4）车辆停稳前不得开车门和上下人员，开关车门不得妨碍其他车辆和行人通行（图 6-58）。

图 6-58　开关车门不得妨碍其他车辆和行人通行

5）路边停车应当紧靠道路右侧，机动车驾驶人不得离车，上下人员或者装卸物品后，立即驶离（图6-59）。

6）城市公共汽车不得在站点以外的路段停车上下乘客。

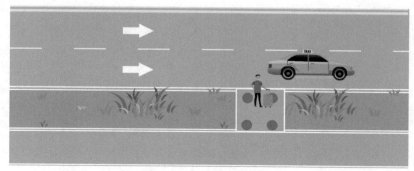

图6-59　路边停车上下人员或者装卸物品后，立即驶离

17. 载运超限物品规定

机动车载运超限物品行经铁路道口的，应当按照当地铁路部门指定的铁路道口、时间通过。

机动车行经渡口，应当服从渡口管理人员指挥，按照指定地点依次待渡。机动车上下渡船时，应当低速慢行。

18. 单位院内、居住区行驶规定

在单位院内、居民居住区内，机动车应当低速行驶，避让行人；有限速标志的，按照限速标志行驶。

三、高速公路特别规定

行驶速度规定

1. 行驶速度规定

1）高速公路应当标明车道的行驶速度，最高车速不得超过每小时120公里，最低车速不得低于每小时60公里。

2）在高速公路上行驶的小型载客汽车最高车速不得超过每小时120公里，其他机动车不得超过每小时100公里，摩托车不得超过每小时80公里（图6-60）。

3）同方向有2条车道的，左侧车道的最低车速为每小时100公里（图6-61）。

4）同方向有3条以上车道的，最左侧车道的最低车速为每小时110公里，中间车道的最低车速为每小时90公里。道路限速标志标明的车速与上述车道行驶车速的规定不一致的，按照道路限速标志标明的车速行驶（图6-62）。

图 6-60　不同车型高速公路行驶时的最高限速规定

图 6-61　同向 2 条车道最低时速规定

图 6-62　同向 3 条以上车道最低时速规定

2. 驶入驶离规定

1）机动车从匝道驶入高速公路，应当开启左转向灯，在不妨碍已在高速公路内的机动车正常行驶的情况下驶入车道（图 6-63）。

图 6-63　从匝道驶入高速公路

安全汇入车流

2）机动车驶离高速公路时，应当开启右转向灯，驶入减速车道，降低车速后驶离（图6-64）。

图6-64　驶离高速公路时开启右转向灯并降速

3. 车距规定

机动车在高速公路上行驶，车速超过每小时100公里时，应当与同车道前车保持100米以上的距离；车速低于每小时100公里时，与同车道前车距离可以适当缩短，但最小距离不得少于50米。

4. 恶劣气象条件行驶规定

机动车在高速公路上行驶，遇有雾、雨、雪、沙尘、冰雹等低能见度气象条件时，应当遵守下列规定：

1）能见度小于 200 米时，开启雾灯、近光灯、示廓灯和前后位灯（图 6-65），车速不得超过每小时 60 公里，与同车道前车保持 100 米以上的距离。

2）能见度小于 100 米时，开启雾灯、近光灯、示廓灯、前后位灯和危险警告闪光灯（图 6-66），车速不得超过每小时 40 公里，与同车道前车保持 50 米以上的距离。

3）能见度小于 50 米时，开启雾灯、近光灯、示廓灯、前后位灯和危险警告闪光灯，车速不得超过每小时 20 公里，并从最近的出口尽快驶离高速公路。

雾天安全驾驶

图 6-65 开启雾灯、近光灯、示廓灯和前后位灯

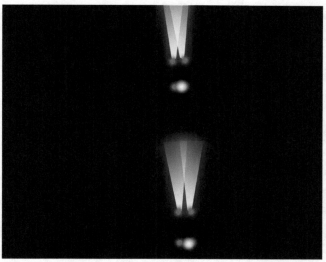

图 6-66 开启雾灯、近光灯、示廓灯、前后位灯和危险警告闪光灯

5. 禁止行为

1）禁止在高速公路倒车、逆行、穿越中央分隔带掉头或者在车道内停车（图6-67~图6-70）。

图 6-67 禁止在高速公路倒车

图 6-68 禁止在高速公路逆行

图 6-69　禁止穿越高速公路中央分隔带掉头

图 6-70　禁止在高速公路车道内停车

2）禁止在高速公路匝道、加速车道或者减速道上超车（图 6-71 ～图 6-73）。

3）禁止在高速公路上骑、轧车行道分界线或者在路肩上行驶（图 6-74）。

图 6-71　禁止在高速公路匝道超车

图 6-72　禁止在高速公路加速车道超车

图 6-73　禁止在高速公路减速道超车

图 6-74　禁止在高速公路上骑、轧车行道分界线

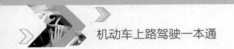

4）禁止非紧急情况下在高速公路应急车道行驶或停车（图6-75）。

5）禁止在高速公路试车或者学习驾驶机动车。

> 禁止非紧急情况
> 下在高速公路应
> 急车道行驶

图6-75　禁止非紧急情况下在高速公路应急车道行驶

四、载货汽车、两轮摩托车载人规定

1）在高速公路上行驶的载货汽车车厢不得载人。两轮摩托车在高速公路行驶时不得载人。

2）机动车通过施工作业路段时，应当注意警示标志，减速行驶。

第七章 交通事故的类型及处理规定

一、交通事故的类型

1）追尾事故：在相同车道行驶的机动车发生追尾事故，后方车辆要负全部责任。图 7-1 中 A 车为全责。

追尾事故

图 7-1　追尾事故，A 车全责

2）倒车溜车：在正常行驶状态下，前方车辆无故倒车造成事故的，责任全部要由前车承担。图 7-2 中 A 车为全责。

倒车溜车

安全倒车

图 7-2　倒车溜车，A 车全责

3）越线超车：中心黄色双实线表示严格禁止车辆跨线超车或压线行驶，一旦车辆因超车越线发生事故就要负全部责任。黄色虚线可以并线，调换车道，但一旦因超车越线发生事故就将负全部责任。图 7-3 中 A 车全责。

越线超车

图 7-3　越线超车，A 车全责

4）开关车门未排查周围情况：打开车门未排查周围情况，开车门一方要负事故全部责任。图 7-4 中 A 车全责。

开关车门未排查周围情况

图 7-4　开关车门未排查周围情况，A 车全责

5）掉头未让行：掉头车辆未让对面直行车，造成事故要由掉头车辆承担全部责任。图 7-5 中 A 车全责。

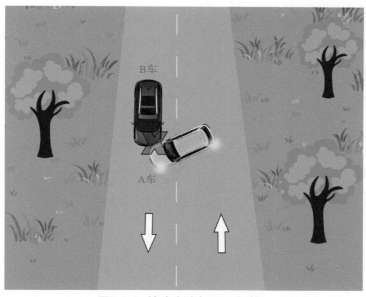

掉头未让行

图 7-5　掉头未让行，A 车全责

6）驶入专用车道：未按规定时间驶入专用车道，造成事故的要负全部责任。图 7-6 中 A 车全责。

图 7-6　驶入专用车道，A 车全责

7）变更车道：变更车道与所变车道内正常行驶的车辆发生事故，要负全部责任。图 7-7 中 A 车全责。

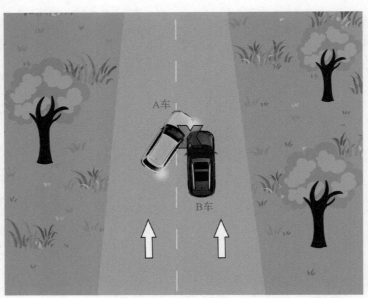

图 7-7　变更车道，A 车全责

8）遇到障碍的车辆未让行：有障碍物路段会车时，无障碍物一方享有优先权，有障碍物的一方须让行，造成事故要由遇到障碍物的车承担全部责任。图7-8中A车全责。

遇到障碍的车辆未让行

图7-8 遇到障碍的车辆未让行，A车全责

9）会车时超车：会车时超车，与对面车辆发生事故，要承担全部责任。图7-9中A车全责。

图7-9 会车时超车，A车全责

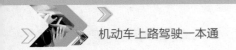

10）交叉路口超车：交叉路口超车造成事故，要承担全部责任。图 7-10 中 A 车全责。

交叉路口超车

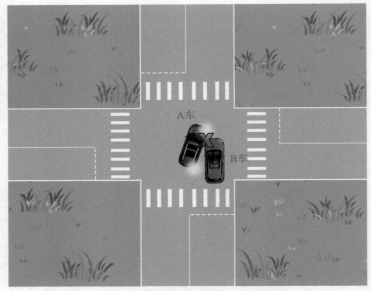

图 7-10　交叉路口超车，A 车全责

11）进出或穿越道路的车辆未让行：进出或穿越道路时未让行，要承担全部责任。图 7-11 中 B 车全责。

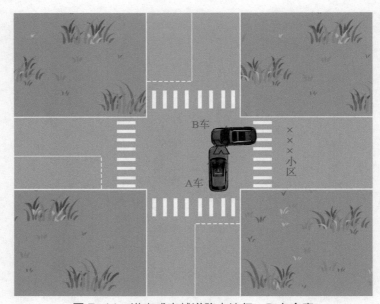

图 7-11　进出或穿越道路未让行，B 车全责

12）进环岛车辆未让行：进出或穿越环岛未让行，要承担全部责任。图 7-12 中 A 车全责。

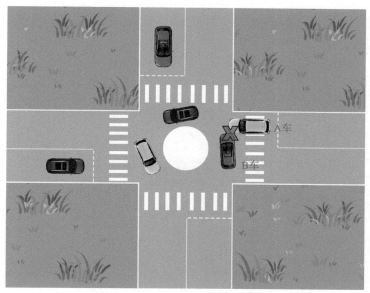

图 7-12　进环岛未让行，A 车全责

13）有信号灯路口未让先被放行的车：有信号灯路口未让先被放行的车，要承担全部责任。图 7-13 中 A 车全责。

图 7-13　有信号灯路口未让先被放行的车，A 车全责

14）无信号灯路口未按提示标志让行：无信号灯路口未按提示标志让行，要承担全部责任。图 7-14 中 A 车全责。

无信号灯路口未按
提示标志让行

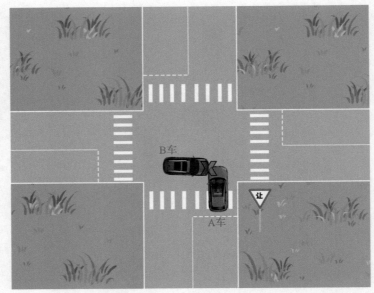

图 7-14　无信号灯路口未按提示标志让行，A 车全责

15）无信号灯路口未让右侧的车辆：无信号灯路口未让右侧的车辆，要承担全部责任。图 7-15 中 A 车全责。

无信号灯路口未让
右侧的车辆

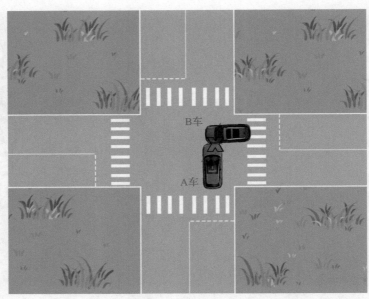

图 7-15　无信号灯路口未让右侧的车辆，A 车全责

16）无信号灯路口右转车未让左转车：无信号灯路口右转车未让左转车，要承担全部责任。图7-16中A车全责。

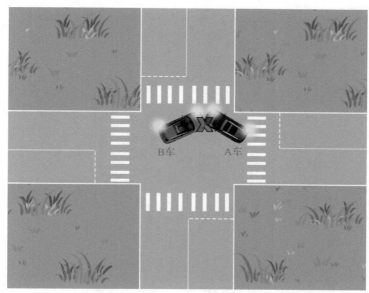

图7-16　无信号灯路口右转车未让左转车，A车全责

17）有信号灯路口右转车未让直行的放行车：有信号灯路口右转车未让直行的放行车，要承担全部责任。图7-17中A车全责。

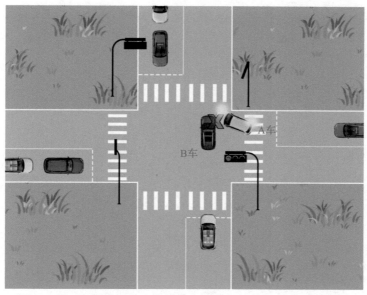

图7-17　有信号灯路口右转车未让直行的放行车，A车全责

18）有信号灯路口左转车未让直行的放行车：有信号灯路口左转车未让直行的放行车，要承担全部责任。图 7-18 中 A 车全责。

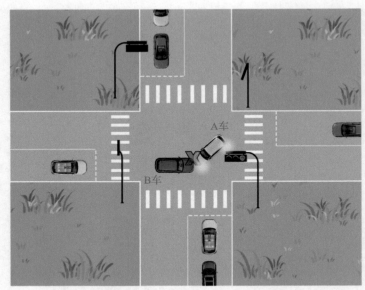

图 7-18　有信号灯路口左转车未让直行的放行车，A 车全责

19）右侧超车：右侧超车发生事故，超车车辆要承担全部责任。图 7-19 中 A 车全责。

图 7-19　右侧超车，A 车全责

20）超越左转弯与掉头车辆：超越左转弯与掉头车辆，超车车辆要承担全部责任。图 7-20 中 A 车全责。

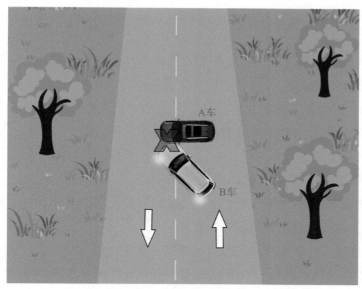

图 7-20　超越左转弯或掉头车辆，A 车全责

二、在道路上发生交通事故的处理规定

1）机动车与机动车、机动车与非机动车在道路上发生交通事故未造成人身伤亡的，双方当事人对事实及成因无争议的，在记录交通事故的时间、地点、对方当事人的姓名和联系方式、机动车牌号、驾驶证号、保险凭证号、碰撞部位，并共同签名后，撤离现场，自行协商损害赔偿事宜。双方当事人对交通事故事实及成因有争议的，应当迅速报警。

2）非机动车与非机动车或者行人在道路上发生交通事故，未造成人身伤亡，且基本事实及成因清楚的，双方当事人应当先撤离现场，再自行协商处理损害赔偿事宜。双方当事人对交通事故事实及成因有争议的，应当迅速报警。

3）机动车发生交通事故，造成道路、供电、通信等设施损毁的，驾驶人应当报警等候处理，不得驶离。机动车可以移动的，应当将机动车移至不妨碍交通的地点。公安机关交通管理部门应当将事故相关情况通知有关部门。

4）公安机关交通管理部门或者交通警察接到交通事故报警，应当及时赶赴现场，对未造成人身伤亡，事实清楚，并且机动车可以移动的，应当在记录事故情况后责令当事人撤离现场，恢复交通。对拒不撤离现场的，予以强制撤离。

对属于前款规定情况的道路交通事故，交通警察可以适用简易程序处理，并当场出具事故认定书。当事人共同请求调解的，交通警察可以当场对损害赔偿争议进行调解。

对道路交通事故造成人员伤亡和财产损失需要勘验、检查现场的，公安机关交通管理部门应当按照勘查现场工作规范进行。现场勘查完毕，应当组织清理现场，恢复交通。

5）投保机动车第三者责任强制保险的机动车发生交通事故，因抢救受伤人员需要保险公司支付抢救费用的，由公安机关交通管理部门通知保险公司。

抢救受伤人员需要道路交通事故救助基金垫付费用的，由公安机关交通管理部门通知道路交通事故社会救助基金管理机构。

6）公安机关交通管理部门应当根据交通事故当事人的行为对发生交通事故所起的作用以及过错的严重程度，确定当事人的责任。

7）发生交通事故后当事人逃逸的，逃逸的当事人承担全部责任。但是，有证据证明对方当事人也有过错的，可以减轻责任。

当事人故意破坏、伪造现场、毁灭证据的，承担全部责任。

8）公安机关交通管理部门对经过勘验、检查现场的交通事故应当在勘查现场之日起 10 日内制作交通事故认定书。对需要进行检验、鉴定的，应当在检验、鉴定结果确定之日起 5 日内制作交通事故认定书。

对交通事故损害赔偿的规定：

1）当事人对交通事故损害赔偿有争议，各方当事人一致请求公安机关交通管理部门调解的，应当在收到交通事故认定书之日起 10 日内提出书面调解申请。

对交通事故致死的，调解从办理丧葬事宜结束之日起开始；对交通事故致伤的，调解从治疗终结或者定残之日起开始；对交通事故造成财产损失的，调解从确定损失之日起开始。

2）公安机关交通管理部门调解交通事故损害赔偿争议的期限为 10 日。调解达成协议的，公安机关交通管理部门应当制作调解书送交各方当事人，调解书经各方当事人共同签字后生效；调解未达成协议的，公安机关交通管理部门应当制作调解终结书送交各方当事人。

交通事故损害赔偿项目和标准依照有关法律的规定执行。

3）对交通事故损害赔偿的争议，当事人向人民法院提起民事诉讼的，公安机关交通管理部门不再受理调解申请。

公安机关交通管理部门调解期间，当事人向人民法院提起民事诉讼的，调解终止。

4）车辆在道路以外通行时发生的事故，公安机关交通管理部门接到报案的，参照《道路交通事故处理程序规定》处理。

5）车辆、行人与火车发生的交通事故以及在渡口发生的交通事故，依照国家有关规定处理。

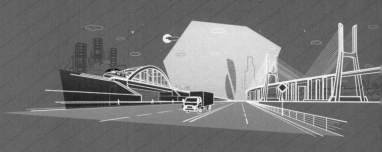

第八章 道路标志规则

一、道路标志的分类

1. 主标志和辅助标志

道路交通标志按作用分类，分为主标志和辅助标志两大类。

（1）主标志

1）禁令标志：禁止或限制道路使用者交通行为的标志。

2）指示标志：指示道路使用者应遵循的标志。

3）警告标志：警告道路使用者注意道路、交通的标志。

4）指路标志：传递道路方向、地点、距离信息的标志。

5）旅游区标志：提供旅游景点方向、距离的标志。

6）告示标志：告知路外设施、安全行驶信息以及其他信息的标志。

（2）辅助标志

辅助标志设在主标志下方，对其进行辅助说明的标志。

2. 路侧标志和路上方标志

道路交通标志按显示位置分类，分为路侧标志和路上方标志。

3. 静态标志和可变信息标志

道路交通标志按版面内容显示方式分类，分为静态标志和可变信息标志。

4. 逆反射标志、照明标志和发光标志

道路交通标志按光学特性分类，分为逆反射标志、照明标志和发光标志三种，其中照明标志按光源安装位置又分为内部照明标志和外部照明标志。

5. 永久性标志和临时性标志

道路交通标志按设置的时效分类，分为永久性标志和临时性标志。由于施工作业或交通事故管理导致道路使用条件改变的区域，所使用的道路交通标志是临时性标志。

6. 必须遵守标志和非必须遵守标志

道路交通标志按标志传递信息的强制性程度分类，分为必须遵守标志和非必须遵守标志。

禁令标志、指示标志为道路使用者必须遵守标志；其他标志仅提供信息，如指路标志、旅游区标志。禁令标志中的停车让行标志、减速让行标志不应套用。其他禁令标志、指示标志不宜套用。除停车让行标志与减速让行标志外的禁令标志、指示标志套用于白色无边框的底板上，为必须遵守标志。

禁令标志、指示标志套用于其他标志上，仅表示提供相关禁止、限制和遵行信息，作为补充说明或预告，为非必须遵守标志。

二、道路标志颜色的基本含义

道路标志颜色的基本含义见表 8-1。

表 8-1　道路标志颜色的基本含义

颜色	基本含义
红色	表示停止、禁止、限制
蓝色	表示指令、遵循
	表示一般道路（除高速公路和城市快速路之外的道路）指路信息
黄色 / 荧光黄色	表示警告
荧光黄绿色	表示与行人有关的警告
绿色	表示高速公路和城市快速路指路信息
棕色	表示旅游区指路信息
橙色 / 荧光橙色	表示因作业引起的道路或车道使用发生变化
粉红色 / 荧光粉红色	表示因交通事故处理引起的道路或车道使用发生变化
黑色	用于标志的文字、图形符号和部分标志边框
白色	用于标志的底色、文字和图形符号以及部分标志的边框

注：红色为标志底板、外圈及斜杠的颜色。

三、道路标志形状的含义

道路交通标志形状含义如下：

1）正八边形：用于禁令标志中的停车让行标志。

2）倒等边三角形：用于禁令标志中的减速让行标志。

3）圆形：用于禁令标志和指示标志。

4）正等边三角形：用于警告标志。

5）叉形：用于"叉形符号"警告标志。

6）矩形：矩形包括正方形和长方形，用于指路标志、旅游区标志、告示标志和辅助标志，以及部分禁令标志、指示标志和警告标志等。

第九章　禁令标志

禁令标志表示禁止、限制及相应解除的含义，道路使用者应严格遵守。

一、提示让行标志

1）停车让行标志：表示车辆必须在进入路口前完全停止，确认安全后，方可通行（图9-1）。

2）减速让行标志：表示相交道路有优先通行权，车辆应慢行或停车，观察相交道路行车情况，让相交道路车辆优先通行和确认安全时，方可通行（图9-2）。

3）会车让行标志：表示车辆会车时，应停车让对方车先行（图9-3）。

图9-1　停车让行标志　　图9-2　减速让行标志　　图9-3　会车让行标志

二、限制通行标志

1）禁止通行标志：表示禁止一切车辆和行人通行，设在禁止一切车辆和行人通行的道路入口附近（图9-4）。

2）禁止驶入标志：表示禁止一切车辆驶入（含非机动车），如图9-5所示。

图9-4　禁止通行标志　　图9-5　禁止驶入标志

3）禁止机动车驶入标志：表示禁止各类机动车驶入，设在禁止机动车驶入路段的入口处（图9-6）。对时间、车型或其他条件有禁止规定时，其附加辅助标志示例如图9-7所示，左图表示从早6:00到晚20:00禁止各类机动车驶入，右图表示仅禁止中型客车驶入。

图9-6 禁止机动车驶入标志　　　图9-7 禁止机动车驶入附加辅助标志示例

4）禁止大型或小型载客汽车驶入标志：如图9-8所示，左图表示禁止大型载客汽车驶入，右图表示禁止小型载客汽车驶入。设在禁止大型（或小型）载客汽车驶入路段的入口处。

图9-8 禁止大型或小型载客汽车驶入标志

5）禁止载货汽车驶入标志：表示禁止载货汽车驶入（含载货专项作业车），设在禁止载货汽车和载货专项作业车驶入路段的入口处（图9-9）。对驶入的载货汽车和载货专项作业车有载质量限制或其他限制时，其附加辅助标志说明示例如图9-10所示，左图表示禁止载质量10吨（10t）以上的载货汽车驶入，右图表示从早6:00到晚20:00禁止载货汽车驶入。

图9-9 禁止载货汽车驶入标志　　　图9-10 禁止载货汽车驶入附加辅助标志示例

6）禁止挂车、半挂车驶入标志：表示禁止挂车、半挂车驶入，设在禁止挂车、半挂车驶入路段的入口处（图9-11）。对挂车具体车型有禁止规定时，其附加辅助标志说明示例如图9-12所示。

图 9-11　禁止挂车、　　　　图 9-12　禁止半挂车驶入和禁
半挂车驶入标志　　　　　　　止中置轴挂车驶入标志

7）禁止拖拉机驶入标志：表示禁止各类拖拉机驶入，设在禁止各类拖拉机驶入路段的入口处（图 9-13）。

8）禁止三轮汽车、低速货车驶入标志：表示禁止三轮汽车、低速货车驶入，设在禁止三轮汽车、低速货车驶入路段的入口处（图 9-14）。

9）禁止摩托车驶入标志：表示禁止摩托车驶入，设在禁止摩托车驶入路段的入口处（图 9-15）。

10）禁止非机动车进入标志：表示禁止非机动车进入，设在禁止非机动车进入路段的入口处（图 9-16）。

图 9-13　禁止拖拉　　图 9-14　禁止三轮　　图 9-15　禁止摩托　　图 9-16　禁止非机
机驶入标志　　　　　汽车、低速货车驶入　　车驶入标志　　　　　动车进入标志
　　　　　　　　　　标志

11）禁止电动自行车进入标志：表示禁止电动自行车进入，设在禁止电动自行车进入路段的入口处（图 9-17）。

12）禁止畜力车进入标志：表示禁止畜力车进入，设在禁止畜力车进入路段的入口处（图 9-18）。

13）禁止三轮车驶入标志：表示禁止三轮车驶入，设在禁止三轮车驶入路段的入口处（图 9-19）。

图 9-17　禁止电动　　图 9-18　禁止畜力　　图 9-19　禁止三轮
自行车进入标志　　　车进入标志　　　　　车驶入标志

14）禁止人力（客、货）运三轮车进入标志：表示禁止人力（客、货）运三轮车进入，设在禁止人力（客、货）运三轮车进入路段的入口处（图9-20）。

图9-20 禁止人力客运三轮车进入和禁止人力货运三轮车进入标志

15）禁止人力车进入标志：表示禁止人力车进入，设在禁止人力车进入路段的入口处（图9-21）。

16）禁止行人进入标志：表示禁止行人进入，设在禁止行人进入的地方（图9-22）。

17）禁止某两种车辆驶入标志：禁止标志上所示的两种车辆驶入，设在禁止某两种车辆驶入路段的入口处。图9-23中车辆图形为示例。

图9-21 禁止人力   图9-22 禁止行人   图9-23 禁止载货
车进入标志   进入标志   汽车和各类拖拉机驶
                                                          入标志

三、限制行驶方向标志

1）禁止向左（或向右）转弯标志：表示前方路口禁止一切车辆向左（左图）或向右（右图）转弯，设在禁止向左（或向右）转弯的路口前（图9-24）。有时段、车种等特殊规定时，其附加辅助标志说明示例如图9-25所示。如果禁止两种以上（含两种）车辆时，其附加辅助标志说明示例如图9-26所示。

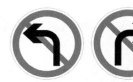

图9-24 禁止向左和向右转   图9-25 禁止载货汽车向左转   图9-26 禁止载货汽车和
弯标志   弯和禁止小型客车向右转弯标志   各类拖拉机左转弯标志

2）禁止直行标志：表示前方路口禁止一切车辆直行，设在禁止直行的路口前（图 9-27）。有时间、车种等特殊规定时，应用辅助标志说明，也可附加图形。如果禁止两种以上（含两种）车辆时，其附加辅助标志说明示例如图 9-28 所示。

图 9-27　禁止直行　　图 9-28　禁止载货汽车和
标志　　　　　　　　各类拖拉机直行标志

3）禁止向左和向右转弯标志：表示前方路口禁止一切车辆向左和向右转弯（既不能左转弯，也不能右转弯），设在禁止向左和向右转弯的路口前（图 9-29）。有时间、车种等特殊规定时，可附加辅助标志说明。

图 9-29　禁止向左和向右转弯标志

4）禁止直行和向左转弯（或直行和向右转弯）标志：表示前方路口禁止一切车辆直行和向左转弯（或直行和向右转弯），如图 9-30 所示。有时间、车种等特殊规定时，可附加辅助标志说明，也可附加图形。

图 9-30　禁止直行和向左转弯以及禁止直行和向右转弯标志

5）禁止掉头标志：表示禁止机动车掉头，设在禁止机动车掉头路段的起点和路口前（图 9-31）。

6）禁止超车标志：表示该标志至前方解除禁止超车标志的路段内，不准许机动车超车（图 9-32）。设在禁止超车路段的起点。有时间、车种等特殊规定，或者禁止两种以上（含两种）车辆时，可附加辅助标志说明。

7）解除禁止超车标志：表示禁止超车路段结束，设在禁止超车路段的终点（图9-33）。

图9-31　禁止掉头　　图9-32　禁止超车　　图9-33　解除禁止
　　标志　　　　　　　　标志　　　　　　　　超车标志

四、限制停车标志

1）禁止车辆停放标志：表示在限定的范围内，禁止一切车辆停、放，无论驾驶人是否离开车辆（图9-34）。禁止车辆停放的时段、车种和范围可附加辅助标志说明。禁止车辆停放的范围也可以用图9-35所示形式，其中图9-35a和c设在禁止车辆停放路段的两端；如果路段较长，可以根据需要重复设置，如图9-35b所示。

　　　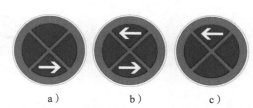

　　　　　　　　　　　　　　　a）　　　　　b）　　　　　c）

图9-34　禁止车辆停放标志　　　图9-35　表示范围的禁止车辆停放标志示例

2）禁止车辆长时停放标志：表示在限定的范围内，禁止一切车辆长时停、放，临时停放不受限制（图9-36）。临时停放指车辆停车上下客或装卸货等，且驾驶人在车内或车旁守候。禁止车辆长时停放的时段、车种、范围和限制时长可用辅助标志说明。

图9-36　禁止车辆长时停放标志

五、禁鸣及限速标志

1）禁止鸣喇叭标志：表示禁止车辆鸣喇叭，设在需要禁止车辆鸣喇叭的地方（图 9-37）。禁止鸣喇叭的时段和范围可附加辅助标志说明。

图 9-37　禁止鸣喇叭标志

2）限制速度标志：表示该标志至前方解除限制速度标志或另一块不同限速值的限制速度标志的路段内，机动车行驶速度（单位为公里每小时 [公里 / 时或 km/h]）不准超过标志所示数值。以图 9-38 所示数字为例，表示限制速度为 60 公里 / 时。限速值不宜低于 30 公里 / 时。学校区限制速度标志设置示例如图 9-39 所示。

图 9-38　限制速度　　　图 9-39　学校区限制速度
　　　标志　　　　　　　　　　标志设置示例

3）解除限制速度标志：表示限制速度路段结束，如图 9-40 所示，图中数字为示例，表示限制速度为 40 公里 / 时的路段结束。设在限制车辆速度路段的终点。

图 9-40　解除限制速度标志

六、限宽及限高标志

1）限制宽度标志：表示禁止车货总体外廓宽度超过标志所示数值的车辆通行，图 9-41 中的数字为示例，表示禁止车货总体外廓宽度超过 3 米（3m）的车辆进入。

设在最大容许宽度受限制的地方。

2）限制高度标志：表示禁止车货总体外廓高度超过标志所示数值的车辆通行，图 9-42 中数字为示例，表示禁止车货总体外廓高度超过 3.5 米（3.5m）的车辆进入。设在最大容许高度受限制的地方。

图 9-41 限制宽度标志　　图 9-42 限制高度标志

七、限制质量及轴重标志

1）限制质量标志：表示禁止总质量超过标志所示数值的车辆通行，图 9-43 中数字为示例，表示禁止装载总质量超过 10 吨（10t）的车辆通过。设在需要限制车辆质量的桥梁两端。

2）限制轴重标志：表示禁止轴重超过标志所示数值的车辆通行，图 9-44 中数字为示例，表示禁止轴重超过 10 吨（10t）的车辆通过。设在需要限制车辆轴重的桥梁两端。

图 9-43 限制质量标志　　图 9-44 限制轴重标志

八、停车检查及海关标志

表示机动车应停车接受检查，设在需要机动车停车接受检查的地点（图 9-45）。当有车种规定、停车检查的原因时，其附加辅助标志或在标志上附加说明示例如图 9-46 所示，表示机动车需停车接受口岸检查。

图 9-45 停车检查标志　　图 9-46 口岸停车检查标志示例

九、禁止运输危险物品车辆驶入标志

表示禁止运输危险物品车辆驶入，设在禁止运输危险物品车辆驶入路段的入口处（图9-47）。

图 9-47　禁止运输危险物品车辆驶入标志

十、区域禁止及解除标志

表示区域内禁止或限制车辆的某种行为，设在禁止或限制区域的所有入口处（禁止或限制）及出口处（解除禁止或限制），如图 9-48 ~ 图 9-50 所示。

图 9-48　区域限制速度和区域限制速度解除标志

图 9-49　区域禁止车辆长时停放和区域禁止车辆长时停放解除标志

图 9-50　区域禁止车辆停放和区域禁止车辆停放解除标志

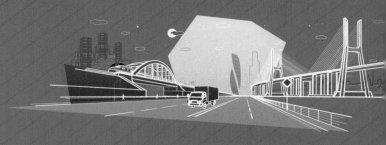

第十章 指示标志

指示标志表示指示车辆、行人行进的含义，道路使用者应遵守。

一、指示车辆行驶方向标志

1）直行标志：表示一切车辆只准直行，设在应直行的路口前（图10-1）。有时段、车种等特殊规定时，其附加辅助标志示例如图10-2所示。

图10-1 直行标志

图10-2 直行标志附加辅助标志示例

2）向左或向右转弯标志：表示一切车辆只准向左（图10-3左图）或向右（图10-3右图）转弯，设在车辆应向左或向右转弯的路口前。有时段、车种等特殊规定时，其附加辅助标志示例如图10-4所示。

图10-3 向左转弯和向右转弯
标志

图10-4 向右转弯标志
附加辅助标志示例

3）直行和向左转弯或直行和向右转弯标志：表示一切车辆只准直行和向左转弯（图10-5左图）或直行和向右转弯（图10-5右图），设在车辆应直行和向左转弯或

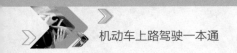

直行和向右转弯的路口前。有时段、车种等特殊规定时，可以附加辅助标志说明，也可附加图形。

4）向左和向右转弯标志：表示一切车辆只准向左和向右转弯，设在车辆应向左和向右转弯的路口前（图10-6）。有时段、车种等特殊规定时，可以附加辅助标志说明，也可附加图形。

图10-5 直行和向左转弯及直
行和向右转弯标志

图10-6 向左和向右转
弯标志

5）分隔带右侧或左侧行驶标志：表示一切车辆只准在分隔设施的右侧（图10-7左图）或左侧（图10-7右图）行驶，设在交通岛、行人二次过街安全岛、中央分隔带等设施的端部。

图10-7 分隔带右侧行驶和分隔带左侧行驶标志

二、环岛行驶标志

表示一切车辆只准靠右环行，环内车辆具有优先权，车辆进入环岛时应让环内车辆优先通行，如图10-8所示。

图10-8 环岛行驶标志

三、指示单行路及允许掉头标志

1）单行路标志：表示该道路为单向通行，驶入单行路的机动车应依标志指示方向通行，如图10-9和图10-10所示。

图 10-9 单行路（向左或向右）标志

图 10-10 单行路（直行）标志

2）允许掉头标志：表示该处允许机动车掉头，设在允许机动车掉头的地点，如图 10-11 所示。有时间、车种等特殊规定时，可以附加辅助说明，其示例如图 10-12 示例所示。

图 10-11 允许掉　　图 10-12 限时段允许
头标志　　　　　　　掉头标志示例

四、指示鸣喇叭、开灯及最低限速标志

1）鸣喇叭标志：表示机动车行至该标志处应鸣喇叭，以提醒其他道路使用者注意（图 10-13）。

2）开车灯标志：表示机动车行至该标志处应开启车灯，设在隧道口前等需要开车灯处（图 10-14）。

3）最低限速标志：表示机动车驶入前方道路的最低速度限制，设在限速路段的起点及进入路段的入口后。图 10-15 中数字为示例，表示最低限速为 60 公里 / 时。

图 10-13 鸣喇叭　　图 10-14 开车灯　　图 10-15 最低限
标志　　　　　　　标志　　　　　　　速标志

五、会车先行标志

表示车辆在会车时享有优先通行权利，与会车让行标志配合使用。设在有会车让行标志路段的另一端。如图 10-16 所示，对向来车方向为红色箭头，优先行进方向为白色箭头。

图 10-16　会车先行标志

六、指示人行横道标志

表示该处为人行横道，机动车驾驶人应注意观察行人，遇行人已进入人行横道时应停车让行人通过（图 10-17）。

图 10-17　人行横道标志

七、指示车道行驶方向标志

表示交叉口的车道行驶方向，如图 10-18 所示，一般设在导向车道前适当位置。

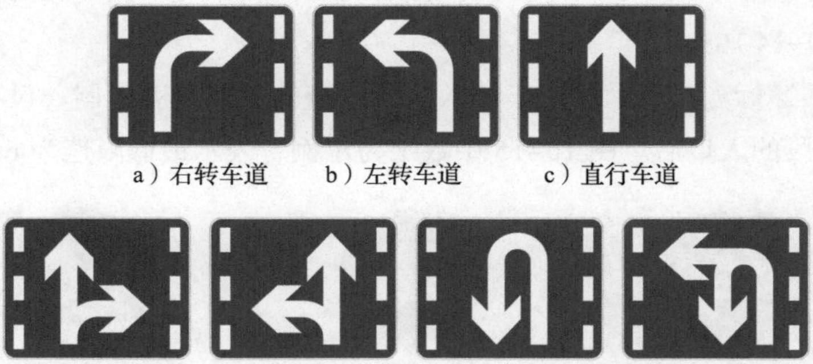

a）右转车道　　　b）左转车道　　　c）直行车道

d）直行和右转合　　e）直行和左转　　f）掉头车道　　g）掉头和左转合
用车道　　　　合用车道　　　　　　　　　用车道

图 10-18　车道行驶方向标志

八、指示专用车道标志

1）机动车行驶标志：表示该道路仅供机动车通行，设在该道路的起点及各交叉口的入口处（图10-19）。

图 10-19　机动车行驶标志

2）机动车车道标志：表示该车道仅供机动车通行，设在该车道的起点及各交叉口的入口处（图10-20），标志中如果有箭头，箭头指示方向的车道为该车道。

图 10-20　不同形式的机动车车道标志

3）小型客车车道标志：表示该车道仅供小型客车通行，设在进入该车道的起点及各交叉口的入口处（图10-21）。

图 10-21　不同形式的小型客车车道标志

4）公交专用车道标志：表示该车道仅供公交车辆、通勤班车等大型载客汽车通行。图 10-22a 和 b 表示该车道仅供公交车辆通行，图 10-22c 和 d 表示该车道公交车辆和通勤班车均可通行时。

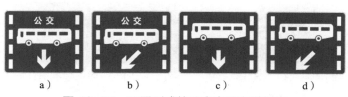

a）　　　　　b）　　　　　c）　　　　　d）

图 10-22　不同形式的公交专用车道标志

5）快速公交系统（BRT）专用车道标志：表示该车道仅供快速公交车辆通行，设在进入该车道的起点及各交叉口的入口处（图10-23）。

图 10-23　不同形式的快速公交系统（BRT）专用车道标志

6）有轨电车专用车道标志：表示该车道仅供有轨电车通行，设在进入该车道的起点及各交叉口的入口处（图 10-24）。

7）多乘员车辆（HOV）专用车道标志：表示该车道仅供多乘员的车辆通行，人数规定在标志右上角，如图 10-25 所示。

图 10-24　有轨电　　图 10-25　多乘员车辆
车专用车道标志　　（HOV）专用车道标志

8）非机动车行驶标志：表示该道路仅供非机动车通行，设在该道路的起点及各交叉口的入口处（图 10-26）。

9）非机动车车道标志：表示该车道仅供非机动车通行，如图 10-27 所示。

图 10-26　非机动车行　　图 10-27　不同形式的非机动
驶标志　　　　　　　车车道标志

10）电动自行车行驶标志：表示该道路仅供电动自行车通行（图 10-28）。

11）电动自行车车道标志：表示该车道仅供电动自行车通行（图 10-29）。

图 10-28　电动自行车　　图 10-29　不同形式的电动自
行驶标志　　　　　　行车车道标志

12）行人标志：表示该段道路仅供行人步行，任何车辆不准进入（图 10-30）。

13）非机动车与行人通行标志：表示该道路仅供非机动车与行人通行，机动车不准进入。图10-31a和b表示非机动车与行人分开空间通行，图10-31c表示非机动车与行人共享空间通行。

图10-30 行人标志

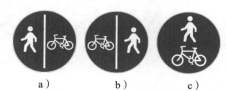

a）　　　　　b）　　　　　c）

图10-31 不同形式的非机动车与行人通行标志

14）不同专用车道并设标志：根据需要，不同的专用车道标志可以并设在同一块标志上，其示例如图10-32所示。

15）非机动车推行标志：表示该道路仅供非机动车推行，不准骑行，设在天桥、地下通道等禁止骑行的路段入口处（图10-33）。

图10-32 不同的专用车道并设标志示例

图10-33 非机动
车推行标志

16）靠右侧车道行驶标志：表示车辆除必要的超车行为外应靠右侧车道行驶，设在高速公路、一级公路，货车比例较高的路段起点、交叉口入口或互通立交加速车道终点后（图10-34）。对车型有特殊要求时，其附加辅助标志示例如图10-35所示。

图10-34 靠右侧
车道行驶标志

图10-35 靠右侧车道行驶附
加辅助标志示例

九、指示停车位置标志

表示允许停放机动车的区域。图10-36a表示可以停放机动车，图10-36b和c表示从标志处向箭头指示方向机动车可以停放，图10-36d表示按图示占用部分人行道边缘停放机动车。

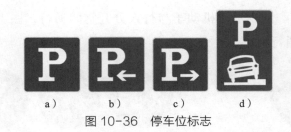

图 10-36　停车位标志

1）限时段停车位标志：表示此处机动车只能在标志准许的时段停放，其他时段禁止停放（图 10-37）。

2）限时长停车位标志：表示此处车辆停放的时长不应超过标志表示的时间（图 10-38）。

3）残疾人专用停车位标志：表示此处仅允许残疾人驾驶的车辆停放（图 10-39）。有时段或时长限制时，可用辅助标志表示。

图 10-37　限时段停车
位标志示例

图 10-38　限时长停车
位标志示例

图 10-39　不同形式的残疾
人专用停车位标志示例

4）校车专用停车位标志、校车停靠站点标志：表示此处仅允许校车停放（图 10-40）。有时段限制时，可用辅助标志表示。

图 10-40　不同形式的校车专用停车位标志、校车停靠站点标志示例

5）出租车专用停车位标志：表示此处仅允许出租车停放（图 10-41）。有时段或时长限制时，可用辅助标志表示。

6）非机动车专用停车位标志：表示此处仅允许非机动车停放（图 10-42）。

7）公交车专用停车位标志、公交车停靠站点标志：表示此处仅允许公交车停放（图 10-43）。

8）充电停车位标志：表示此处仅允许电动汽车充电时停放，其示例如图 10-44 所示。

图 10-41　不同形式的出租
车专用停车位标志示例

图 10-42　不同形式的非机
动车专用停车位标志示例

图 10-43　不同形式的公交
车专用停车位标志示例

图 10-44　充电停车位标志
示例

9）专属停车位标志：表示此处车位为专属车辆停放，其示例如图 10-45 所示。

图 10-45　专属停车位标志示例

十、其他指示标志

1）硬路肩允许行驶标志：表示该处硬路肩允许车辆通行。图 10-46a 表示硬路肩允许行驶路段开始，设在硬路肩允许行驶路段的起点处；图 10-46b 表示硬路肩允许行驶路段即将结束，车辆应尽快合流；图 10-46c 表示硬路肩允许行驶路段结束。

2）货车通行标志：表示货车应在该道路上行驶，其他车辆也可以在该道路上行驶（图 10-47）。

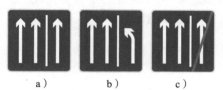

a）　　　　b）　　　　c）

图 10-46　硬路肩允许行驶标志

图 10-47　货车通行标志

第十一章 警告标志

警告标志警告车辆驾驶人应注意前方有难以发现的情况、须减速慢行或采取其他安全行动的情况。

一、警告路口标志

交叉路口标志用以警告车辆驾驶人前方有交叉路口，注意横向来车。根据道路交叉的实际情况，其标志形式多种多样，如图 11-1 所示。

图 11-1　交叉路口标志

被交路比当前道路窄时，可用图形中的线条粗细示意相交道路的宽度，示例如图 11-2 所示。

图 11-2　线条粗细示意相交道路宽度的交叉路口标志示例

二、警告弯路标志

1）急弯路标志：用以警告车辆驾驶人前方有急弯（图11-3）。此标志可与"建议速度标志"联合使用，示例如图11-4所示。

图 11-3　向左急弯路和向右急弯路标志

图 11-4　急弯路标志和建议速度标志联合使用示例

2）反向弯路标志：用以警告车辆驾驶人前方有反向弯路（图11-5）。此标志可与"建议速度标志"联合使用，示例如图11-6所示。

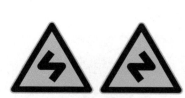

图 11-5　反向弯路标志

图 11-6　反向弯路标志和建议速度标志联合使用示例

3）连续弯路标志：用以警告车辆驾驶人前方有连续弯路（图11-7）。此标志可与"建议速度标志"联合使用，示例如图11-8所示；也可与说明连续弯路长度的辅助标志共同使用，示例如图11-9所示。

图 11-7　连续弯路标志

图 11-8　连续弯路标志和建议速度标志联合使用示例

图 11-9　连续弯路标志附加辅助标志示例

三、警告道路变化标志

1）陡坡标志：用以提醒车辆驾驶人前方有陡坡（图11-10）。可用辅助标志说明陡坡的坡度和坡长，也可将坡度值标在警告标志图形上，示例如图11-11所示。

图11-10　上陡坡和下陡坡标志　　　图11-11　陡坡标志加坡度值及辅助标志示例

2）连续下坡标志：用以提醒车辆驾驶人前方为连续下坡（图11-12）。

图11-12　连续下坡标志

3）窄路标志：用以警告车辆驾驶人注意前方车行道或路面狭窄情况，遇有会车应予减速避让（图11-13）。此标志可与"建议速度标志"联合使用，示例如图11-14所示；也可用辅助标志说明窄路的长度，示例如图11-15所示。

a）两侧变窄　　　　b）右侧变窄　　　　c）左侧变窄

图11-13　窄路标志

图11-14　窄路标志和建议速度标志联合使用示例　　　图11-15　窄路标志加辅助标志示例

4）窄桥标志：用以警告车辆驾驶人注意前方桥面宽度变窄（图 11-16）。

5）双向交通标志：用以提醒车辆驾驶人注意会车，设在由双向分离行驶，因某种原因出现临时性或永久性的不分离双向行驶的路段，或由单向行驶进入双向行驶的路段前适当位置（图 11-17）。

图 11-16　窄桥标志　　　图 11-17　双向交通标志

四、警告道路动态变化标志

1）注意行人标志：用以警告车辆驾驶人减速慢行，注意行人（图 11-18）。

图 11-18　注意行人标志

2）注意儿童标志：用以警告车辆驾驶人减速慢行，注意儿童（图 11-19）。可用辅助标志说明设置此标志原因，示例如图 11-20 所示。

图 11-19　注意儿童标志　　　图 11-20　注意儿童标志附加辅助标志示例

3）注意残疾人标志：用以警告车辆驾驶人减速慢行，注意残疾人（图 11-21）。标志底色可采用荧光黄绿色。设在康复医院、残疾人学校等残疾人经常出入地点前适当位置。

图 11-21　注意残疾人标志

4）注意非机动车标志：用以提醒车辆驾驶人谨慎驾驶，注意非机动车（图11-22）。

5）注意电动自行车标志：用以提醒车辆驾驶人谨慎驾驶，注意电动自行车（图11-23）。

图 11-22 注意非　　　图 11-23 注意电

机动车标志　　　　动自行车标志

6）注意牲畜标志：用以提醒车辆驾驶人谨慎驾驶，注意牲畜（图11-24）。

7）注意野生动物标志：用以提醒车辆驾驶人谨慎驾驶，注意野生动物（图11-25）。

图 11-24 注意牲　　　图 11-25 注意野

畜标志　　　　　生动物标志

8）注意信号灯标志：用以警告车辆驾驶人注意前方路段设有信号灯，应依信号灯指示行车（图11-26）。

9）注意落石标志：用以提醒车辆驾驶人谨慎驾驶，注意落石（图11-27）。设在有落石危险的傍山路段前适当位置。

图 11-26 注意信　　　图 11-27 注意左侧落石和右侧

号灯标志　　　　落石标志

10）注意横风标志：用以提醒车辆驾驶人谨慎驾驶，注意横风（图11-28）。

11）易滑标志：用以提醒车辆驾驶人减速慢行，注意路滑（图11-29）。

图 11-28 注意横　　　图 11-29 易滑标志

风标志

五、警告地貌变化标志

1）傍山险路标志：用以提醒车辆驾驶人谨慎驾驶，注意路侧危险（图11-30）。

图 11-30　左侧傍山险路和右侧傍山险路标志

2）堤坝路标志：用以提醒车辆驾驶人谨慎驾驶，注意路侧危险（图11-31）。

图 11-31　堤坝路标志

3）村庄标志：用以提醒车辆驾驶人谨慎驾驶，注意前方为村庄（图11-32）。

4）隧道标志：用以提醒车辆驾驶人谨慎驾驶，注意前方为隧道（图11-33）。

图 11-32　村庄标志　　图 11-33　隧道标志

5）驼峰桥标志：用以提醒车辆驾驶人谨慎驾驶，注意驼峰桥（图11-34）。

6）路面不平标志：用以提醒车辆驾驶人减速慢行，注意路面颠簸（图11-35）。

图 11-34　驼峰桥标志 　　图 11-35　路面不平标志

7）减速丘标志：用以提醒车辆驾驶人减速，注意前方路段设有减速丘（图11-36）。此标志可与"建议速度标志"联合使用，示例如图11-37所示。

8）过水路面（或漫水桥）标志：用以提醒车辆驾驶人谨慎驾驶，注意前方为过水路面或漫水桥（图11-38）。

图 11-36　减速丘标志

图 11-37　减速丘标志和建
议速度标志联合使用示例

图 11-38　过水路面
（或漫水桥）标志

六、警告注意事项标志

1）铁路道口标志：用以警告车辆驾驶人注意前方有铁路道口，应减速慢行或及时停车。有人看守铁路道口标志，设在车辆驾驶人不易发现的道口前适当位置，如图 11-39 所示；无人看守铁路道口标志，设在无人看守铁路道口前适当位置，如图 11-40 所示。如果多股铁路与道路相交，则在铁路道口标志上方设置叉形符号，如图 11-41 所示。一道斜杠的标志设在距铁路道口 50 米的位置，二道、三道斜杠标志分别设在距铁路道口 100 米和 150 米位置，如图 11-42 所示。

图 11-39　有人看
守铁路道口标志

图 11-40　无人看
守铁路道口标志

图 11-41　铁路道口标志
和叉形符号联合使用标志

图 11-42　铁路道口标志和斜杠符号联合使用示例

2）事故易发路段标志：用以警告前方道路为事故易发路段，车辆驾驶人应谨慎驾驶（图 11-43）。

图 11-43　事故易发路段标志

3）注意障碍物标志：用以提醒前方道路有障碍物，车辆驾驶人应谨慎驾驶，设在障碍物前适当位置，视具体情况选用图 11-44 所示标志。

a）左右绕行　　　b）左侧绕行　　　c）右侧绕行
图 11-44　注意障碍物标志

4）注意危险标志：用以提醒车辆驾驶人谨慎驾驶，注意危险（图 11-45）。一般不单独使用，其下设辅助标志，说明危险原因。

5）施工标志：用以警告前方道路施工，车辆驾驶人应减速慢行或绕道行驶。该标志为橙色底或荧光橙色底、黑图形，如图 11-46 所示。

图 11-45　注意危险标志　　　图 11-46　施工标志

6）交通事故管理标志：用以警告前方路段正在进行道路交通事故管理，车辆驾驶人应减速慢行、停车等候或绕道行驶。该标志为粉红色底或荧光粉红色底、黑文字，作为临时性标志支设在进行交通事故管理的路段前适当位置（图 11-47）。

7）建议速度标志：用以提醒车辆驾驶人以建议的速度行驶（图 11-48）。建议速度和限制速度不同，仅表示警告和建议。建议速度标志设在弯道、匝道的适当位置，如图 11-49 所示。

图 11-47　交通事故管理标志　　　图 11-48　建议速度标志

a）匝道建议速度 　b）弯道建议速度

图 11-49　建议速度标志附加辅助标志示例

8）注意潮汐车道标志：用以警告车辆驾驶人注意前方为潮汐车道（图 11-50）。

9）注意保持车距标志：用以警告车辆驾驶人注意和前车保持安全距离（图 11-51）。

10）注意合流标志：用以警告车辆驾驶人注意前方有车辆汇合（图 11-52）。

图 11-50　注意潮
汐车道标志　　　　图 11-51　注意保
持车距标志　　　　图 11-52　注意合流标志

11）注意车道数变少标志：用以提醒车辆驾驶人注意前方车道数量变少（图 11-53）。

12）避险车道标志：用以提醒货车驾驶人注意前方道路设有避险车道（图 11-54）。
有的避险标志设在避险车道前 1 公里、500 米左右及其他适宜位置，示例如图 11-55
所示。

图 11-53　注意车道数变少标志　　　　图 11-54　避险车道标志

图 11-55　避险车道预告标志示例

13）注意路面结冰、注意雨（雪）天、注意雾天、注意不利气象条件标志：用以警告车辆驾驶人注意路面结冰、注意雨（雪）天、注意雾天、注意不利气象条件等（图 11-56）。

a）注意路面结冰　　b）注意雨（雪）　　c）注意雾天标志　　d）注意不利气象
标志　　　　　　　天标志　　　　　　　　　　　　　　条件标志

图 11-56　注意路面结冰、注意雨（雪）天、注意雾天、注意不利气象条件标志

14）注意前方车辆排队标志：用以提醒车辆驾驶人注意前方车辆排队（图 11-57）。

15）注意积水标志：用以提醒车辆驾驶人注意前方路段积水（图 11-58）。

图 11-57　注意前方
车辆排队标志

图 11-58　注意
积水标志

16）线形诱导标：用以引导行车方向，提醒驾驶人谨慎驾驶，注意前方线形变化（图 11-59）。

a）　　　　　　　　　　b）　　　　　　　　　　　　c）

图 11-59　线形诱导标

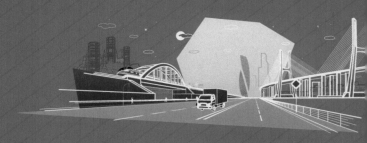

第十二章 道路指路标志

指路标志表示道路信息的指引，为驾驶人提供去往目的地所经过的道路、沿途相关城镇、重要公共设施、服务设施、地点、距离和行车方向等信息。指路标志不应指引私人专属或商用目的地信息。

一、路径指引标志

1）交叉路口预告标志：用以预告前方交叉路口形式、交叉道路的编号或名称、通往方向、路线方向等信息。交叉路口预告标志图有三种：图形式、堆叠式、车道式，如图 12-1 ~ 图 12-4 所示。

图 12-1 交叉路口图形式

图 12-2 交叉路口环岛图形式

图 12-3 交叉路口堆叠式

图 12-4 交叉路口车道式

可采用单柱标志预告前方交叉道路编号，示例如图 12-5 所示。当两条或多条路线有路段重合时，应同时指引各条路线。

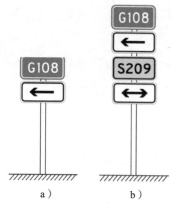

图 12-5 预告前方交叉道路编号的预告标志示例

2）交叉路口告知标志：用以告知交叉路口形式、交叉道路的编号或名称、通往方向、路线方向等信息。图 12-6a 所示为国道编号标志，图 12-6b 所示为省道编号标志，图 12-6c 所示为县道编号标志，图 12-6d 所示为乡道编号标志。道路名称标志如图 12-7 所示。

a）国道编号　　b）省道编号　　c）县道编号　　d）乡道编号

图 12-6 道路编号标志示例

图 12-7 道路名称标志示例

图 12-6、图 12-7 和图 12-8a、b 表示被交道路编号或道路名称。图 12-8c、d 表示直行方向道路名称或道路编号。

a）　　　　　b）　　　　　c）　　　　　d）

图 12-8 道路名称及直行方向道路名称、编号

3）确认标志：用以确认当前所行驶的道路信息及前方通往方向信息，包括道路编号标志、路名标志、地点距离标志。地点距离标志指引前方经过的重要道路编号、

道路名称、地名和距离，如图 12-9 所示。

图 12-9 地点距离标志

二、地点指引标志

1）地名标志：设在道路沿线经过的市、县（区）、镇（乡）、村的边缘处（图 12-10）。

图 12-10 地名标志

2）分界标志：设在行政区划的分界处，板面正对行车方向，或设在道路养护段、道班管辖分界处，板面与行车方向平行，如图 12-11 和图 12-12 所示。

图 12-11 行政区划分界标志　　图 12-12 道班管辖分界标志

3）地点识别标志：为道路使用者提供各种重要场所的识别和指向，设在所识别场所前适当位置（图 12-13）。

a）急救站　　　　b）机场　　　c）洗车点和加油站均有

d）加油站　　　e）充电站　　　f）地铁

图 12-13 地点识别标志

地点识别标志可与辅助标志配合使用，示例如图 12-14 所示，也可用于指路标志。

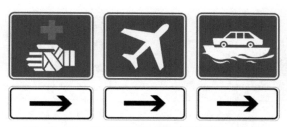
图 12-14 地点识别标志附加辅助标志示例

三、道路沿线设施指引标志

1）停车场（区）标志：用以指引停车场（区），设在停车场（区）入口附近（图 12-15）。必要时，可设置预告标志，示例如图 12-16 所示。

图 12-15 露天停车场和室
内停车场标志

图 12-16 前方 200 米
有停车场标志示例

2）错车道标志：用以指引前方设有避让来车的处所（图 12-17）。

3）港湾式紧急停车带标志：用以指引港湾式紧急停车带的位置（图 12-18）。港湾式停车区（带），又叫紧急停车区（带）。顾名思义，它借鉴了海港停靠船只的模式，指的是在高速公路、隧道等路段向外部扩展的区域，供车辆发生故障或其他原因紧急停车时使用的临时停车地带。必要时，可设置预告标志，示例如图 12-19 所示。

图 12-17 错车道
标志

图 12-18 港湾式
紧急停车带标志

图 12-19 前方 100 米有
港湾式紧急停车带标志

4）人行天桥标志和人行地下通道标志：用以指引行人通往天桥或地下通道入口的位置（图 12-20）。可设辅助标志指示其入口方向或距离，示例如图 12-21 所示。

图 12-20　人行天桥和人行地
下通道标志

图 12-21　人行天桥和人行地
下通道附加辅助标志示例

5）无障碍设施标志：用以指引无障碍设施的位置（图 12-22）。

6）服务站标志：用以指引高速公路服务站的标志，必要时可设置距离预告标志，示例如图 12-23 所示。

图 12-22　无障碍
设施标志

图 12-23　服务站和服务站距
离标志示例

7）停车点标志：用以指引停车点的标志，设在停车点入口附近，必要时可设置距离预告标志，示例如图 12-24 所示。

8）观景台标志：用以指引观景台的标志，设在观景台起点附近，必要时可设置距离预告标志，示例如图 12-25 所示。

图 12-24　停车点和停车点距
离标志示例

图 12-25　观景台和观景台距
离标志示例

9）应急避难设施（场所）标志：用以指引应急避难设施（场所）的位置，可配合方向和距离辅助标志，示例如图 12-26 所示。

图 12-26　应急避难设施（场所）及其附加辅助标志示例

10）超限检测站标志：用以预告和指引超限检测站位置。图 12-27a 设在距超限检测站 500 米处；图 12-27b 设在超限检测站入口处。

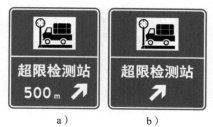

a）　　　　　b）

图 12-27　超限检测站标志

四、其他道路信息指引标志

1）绕行标志：用以指引前方路口车辆需绕行的路线（图 12-28）。

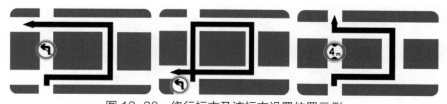

图 12-28　绕行标志及该标志设置位置示例

2）此路不通标志：用以表明前方道路无出口，不能通行（图 12-29）。

图 12-29　此路不通标志

3）隧道出口距离标志：用以告知到前方隧道出口的距离。长度超过 5 公里的特长隧道内，从距离隧道出口 3 公里处起，可设置 3 公里、2 公里、1 公里的隧道出口距离标志，示例如图 12-30 所示，其中隧道曲线的转弯方向应与实际情况相对应。

图 12-30　隧道出口距离标志示例

4）方向标志：用以指引道路路线方向，与指路标志一起使用，包括"东""南""西""北"四个方向，版面有两种不同的形式，示例如图 12-31 所示。

图 12-31　设置在指路标志版面外的方向标志

5）里程碑标志：用以表明公路的里程（图 12-32）。

图 12-32　里程碑标志

第十三章 高速公路及城市快速路指路标志

一、路径指引标志

1）入口预告标志：用以指引进入高速公路或城市快速路的入口，设在驶入高速公路或城市快速路前的一般道路上的适当位置，也可以在一般道路上的指路标志上指引。图 13-1a 为入口后去往两个方向的 500 米入口预告标志，图 13-1b 为带行车方向指引的入口预告标志。

图 13-1　入口预告标志（进入后两个方向）

图 13-2 为入口后去往一个方向的 500 米入口预告标志和带行车方向指引的入口预告标志。

图 13-2　入口预告标志（进入后一个方向）

无编号的高速公路或城市快速路入口预告标志如图 13-3 所示。

图 13-4a、b 表示入口后，G2 和 G3 路段重合，可到天津方向、济南方向。图 13-4c、d 表示入口后，G40 和 G42 路段重合，可到南通 / 苏州方向、信阳 / 武汉方向；南通、信阳在 G40 上，苏州、武汉在 G42 上。

图 13-3　无编号高速公路或城市快速路入口预告标志

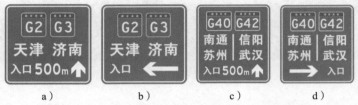

a)　　　　　b)　　　　　c)　　　　　d)

图 13-4　两条高速公路路段重合的入口预告标志

2）地点、方向标志：用以指引高速公路或城市快速路两个行驶方向，设在驶入高速公路或城市快速路的匝道分岔点处（图 13-5）。

a）地点、方向标志

b）带编号信息的地点、方向标志　　c）带编号、方向信息的地点、方向标志

图 13-5　设置于分岔处的地点、方向标志

3）地点距离标志：用以预告前方要经过的重要地点、道路名称或编号以及距离（图 13-6）。

图 13-6　地点距离标志

城市区域有多个出口时，宜表明前方城市的出口数量及相应的地点距离信息。图 13-7a 所示标志设置在该城市第一个互通式立体交叉的第一块出口预告标志前，表明前方城市出口数量；图 13-7b 所示标志设置在图 13-7a 所示标志后。

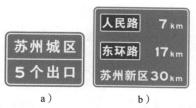

图 13-7　城市区域多个出口时地点距离标志

除了当前高速公路到达的地点距离信息外，还需同时指引前方到达道路上的地点距离信息。图 13-8a 表示当前道路为 S10 与 S52 重合路段，前方到洋后 8km；前方到达 G3，通过 G3 到衢州 112km、到福州 215km。图 13-8b 表示当前道路为 G15，前方到南通 25km；前方到达 G25，通过 G25 到扬州 92km、到南京 115km。

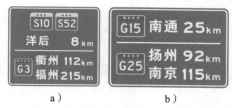

图 13-8　同时指引前方到达道路上的地点距离标志

4）出口预告标志：用以预告和指引出口，在距离基准点 2km、1km、500m 和基准点处应分别设置 2km、1km、500m 出口预告标志，出口方向标志（图 13-9、图 13-10）。

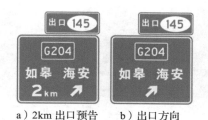

a）2km 出口预告　　b）出口方向

图 13-9　一般互通式立体交叉出口后道路有编号的出口预告及出口方向标志示例

a）1km 出口预告　　b）出口方向

图 13-10　一般互通式立体交叉出口后道路无编号的出口预告及出口方向标志示例

枢纽互通式立体交叉出口匝道为单车道时，出口方向标志如图 13-11a 所示；出口匝道为 2 条车道，驾驶人沿着不同行车道方向通往不同的目的地时，出口方向标志如图 13-11b、c 所示。

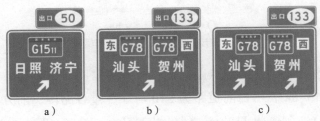

图 13-11　枢纽互通式立体交叉出口方向标志

枢纽互通式立体交叉出口预告标志、出口方向标志处可增加主线方向信息指引，主线方向信息指引的箭头可向上，表示行车方向，也可向下对着车道（图 13-12）。

图 13-12　枢纽互通式立体交叉出口增加直行方向信息示例

直出车道是从主线连续行驶不变车道将直接驶出高速公路的主线车道（图 13-13）。

图 13-13　直出车道出口方向标志

道路分岔，枢纽互通式立体交叉双出口，枢纽互通式立体交叉的出口匝道为 2 条车道时，出口预告及出口方向标志示例如图 13-14 所示。

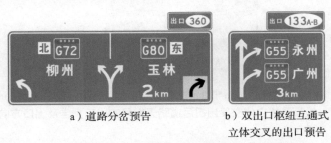

a）道路分岔预告　　　　　b）双出口枢纽互通式
立体交叉的出口预告

图 13-14　出口预告及出口方向标志示例

c）出口匝道为 2 条车道枢纽互通式立体交叉的出口方向

图 13-14 出口预告及出口方向标志示例（续）

二、沿线信息指引标志

1）起点标志：设在高速公路或城市快速路的起点（图 13-15）。

2）终点预告标志：在距离 2 公里、1 公里和 500 米处用以预告高速公路或城市快速路的终点（图 13-16）。

图 13-15 高速公路或城市快速路起点标志　　图 13-16 终点预告标志

3）终点标志：用以指示高速公路或城市快速路终点（图 13-17）。

a）国家高速公路　b）省级高速公路　c）无编号高速公路或城市快速路

图 13-17 高速公路和城市快速路终点标志

4）道路交通信息标志：用以指示收听高速公路或城市快速路交通信息广播的频率（图 13-18）。

图 13-18 道路交通信息标志

5）停车领卡标志：用以提示停车领卡（图13-19）。

6）特殊天气建议速度标志：用以提醒驾驶人在雨、雪、雾等特殊天气下，以建议速度行驶，示例如图13-20所示。

图13-19　停车领
卡标志　　　　　　图13-20　特殊天
气建议速度标志示例

三、沿线设施指引标志

1）紧急电话标志：用以指示高速公路紧急电话的位置（图13-21）。用以指示距出事点最近紧急电话的方向及距离（图13-22）。

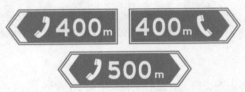

图13-21　紧急电话标志　　　　图13-22　紧急电话位置指示标志示例

2）救援电话标志：用以指示救援电话号码（图13-23）。

3）收费站预告及收费站标志：用以指示前方收费站。根据需要，在距收费广场渐变段起点2km、1km、500m及渐变段起点处对应设置有收费站预告标志与收费站标志，设有电子不停车收费（ETC）车道的收费站预告及收费站标志如图13-24所示。

4）ETC车道指引标志：用以指明电子不停车收费车道，设在收费广场渐变段起点前300m处（图13-25）。

图13-23　救援电
话标志　　　　　图13-24　设有ETC车道的收费站
预告及收费站标志　　　　图13-25　ETC车
道指引标志

5）ETC车道、人工收费车道和绿色通道标志：用以指明电子不停车收费车道、人工收费车道、绿色通道，附着于收费大棚收费车道上方（图13-26）。

图13-26　ETC车道、人工收费车道和绿色通道标志

6）服务区预告标志：用以预告服务区的位置，分别设在距基准点2km、1km、基准点及服务区入口处。图13-27a所示为一般服务区预告标志，图13-27b所示为能够提供住宿的服务区预告标志，图13-27c所示为设置在服务区入口处的标志。

a）　　　　　　b）　　　　　　c）

图13-27　服务区预告标志

7）停车区预告标志：用以预告停车区的位置（图13-28）。

图13-28　停车区预告标志

8）爬坡车道标志：用以指示前方最右侧车道是大型重载车辆爬坡专用的车道。图13-29a所示标志设在爬坡车道渐变段起点前200m处，图13-29b所示标志设在爬坡车道渐变段起点附近，图13-29c所示标志设在较长爬坡车道中间适当位置，图13-29d所示标志设在爬坡车道结束前适当位置。

a）　　　　　　b）　　　　　　c）　　　　　　d）

图13-29　爬坡车道标志

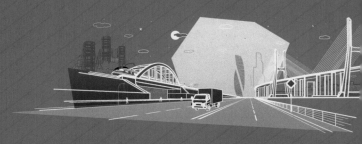

第十四章　其他标志

14

一、旅游区标志

用以指引人们前往邻近的旅游区，识别通往旅游区的方向和距离，了解旅游项目的类别（图 14-1）。旅游区标志分为旅游指引标志和旅游符号标志两类。旅游符号标志可与旅游区名称组合使用，以指引旅游区内的旅游项目或设施方向（图 14-2）。

图 14-1　旅游区距离标志示例

图 14-2　旅游符号标志与旅游区名称组合示例

二、告示标志

用以解释道路设施、指引路外设施或告示有关道路交通安全法规及交通管理安全行车的提醒等内容。

1）道路设施解释标志：用以告知驾驶人所在高速公路编号信息等（图 14-3）。

图 14-3　高速公路编号信息标志示例

用以告知驾驶人交通监控设备信息，如图 14-4 所示，区间测速信息标志如图 14-5 所示。

图 14-4 交通监控设备信息标志示例

图 14-5 区间测速信息标志示例

2）路外设施指引标志：用以指引对外服务的政府机关、餐饮住宿、24 小时药店等（图 14-6）。

图 14-6 路外设施指引标志示例

3）行车安全提醒标志：用以提醒驾驶人在行驶过程中需要注意的情况或需要避免的驾驶行为，包括相关法律法规禁止的行为（图 14-7）。

图 14-7 行车安全提醒标志示例

三、辅助标志

1）表示时间：根据需要对某些标志规定时间范围，应采用 24 小时制（图 14-8）。

图 14-8 时间范围标志示例

2）表示车辆种类、属性：根据需要对某些标志规定车辆的种类、属性（图 14-9）。

3）表示方向：根据需要对禁令标志或指示标志规定方向路段（图 14-10）。

a) 公交车除外　　b) 机动车　　c) 货车　　d) 货车、拖拉机

图 14-9　车辆种类、属性标志示例

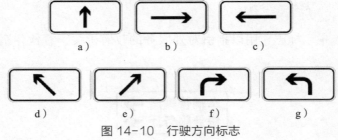

a)　　　　b)　　　　c)

d)　　　　e)　　　　f)　　　　g)

图 14-10　行驶方向标志

4）表示区域或距离：根据需要对禁令标志或指示标志规定区域的范围（图 14-11）。

a) 向前 200m　　b) 向左 100m　　c) 向右 100m　　d) 某区域内

图 14-11　区域或距离标志示例

根据需要对警告标志和指路标志表示所指示设施或路段的长度，示例如图 14-12 所示。

图 14-12　长度辅助标志示例

5）表示设置禁令、指示、警告标志的理由：示例如图 14-13 所示。

图 14-13　表示设置禁令、指示、警告标志的理由标志示例

四、作业区标志

1）施工标志：作业区距离标志，如图 14-14a 所示；作业区长度标志，如图 14-14b 所示，用以预告作业路段长度；作业区结束标志，如图 14-14c，用以说明作业区结束位置。

a）作业区距离标志　　b）作业区长度标志　　c）作业区结束标志

图 14-14　施工标志示例

2）改道标志：用以告示车辆改道行驶，可借用对向车道或改道于便道的作业区，如图 14-15 所示。图 14-15a 所示标志表示用于作业方向道路完全封闭、车辆借用对向车道或便道通行时。图 14-15b 所示标志表示用于作业方向道路未完全封闭，一部分车辆借用对向车道通行，一部分车辆在原方向车道行驶的情况。图 14-15c 所示标志表示用于作业方向道路完全封闭、车辆借用同向便道通行时。

a）　　　　　　　b）　　　　　　　c）

图 14-15　改道标志

3）橙色箭头标志：用以指示车辆离开作业区所在道路、绕过作业区返回到原路的绕行路径（图 14-16）。

4）绕行标志：用以指示前方道路作业封闭的绕行路线（图 14-17）。

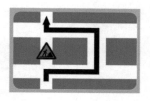

图 14-16　橙色箭头标志　　　图 14-17　绕行标志

5）注意交通引导人员标志：用以告示前方有交通引导人员指挥作业区路段的交通（图14-18）。

6）出口关闭标志：用以表示高速公路或城市快速路的出口因作业关闭的情况（图14-19）。

7）出口标志：当作业区影响驾驶人对出口的判断时，用以指示出口（图14-20）。

图14-18　注意交通引导人员标志

图14-19　出口关闭标志

图14-20　出口标志

8）行人、非机动车通道标志：当作业区占用人行道、非机动车道时，用以指示临时的行人和非机动车绕行通道（图14-21）。

图14-21　行人、非机动车通道标志示例

9）移动性作业标志：用以警告前方道路有作业车正在作业，车辆驾驶人应减速或变换车道行驶。标志为橙色底黑色图案，背面斜插色旗两面（图14-22）。

图14-22　移动性作业标志

第十五章 道路标线概述

一、道路标线的分类

1. 道路交通标线按功能可分为三类

1）指示标线：指示车行道、行车方向、路面边缘、人行道、停车位、停靠站及减速丘等的标线。

2）禁止标线：告示道路交通的遵行、禁止、限制等特殊规定的标线。

3）警告标线：促使道路使用者了解道路上的特殊情况，提高警觉准备防范应变措施的标线。

2. 道路交通标线按形态可分为四类

1）线条：施划于路面、缘石或立面上的实线或虚线。

2）字符：施划于路面上的文字、数字及各种图形、符号。

3）凸起路标：安装于路面上用于标示车道分界、边缘、分合流、弯道、危险路段、路宽变化、路面障碍物位置等的反光或不反光体。

4）轮廓标：安装于道路两侧，用以指示道路的方向、车行道边界轮廓的反光柱（或片）。

二、道路标线的颜色及作用

道路交通标线的颜色为白色、黄色、蓝色或橙色，路面图形标记中可出现红色或黑色的图案或文字。

1. 白色虚线

划于路段中时，用以分隔同向行驶的交通流；划于路口时，用以引导车辆行进（图 15–1）。

图 15-1　白色虚线

2. 白色实线

划于路段中时，用以分隔同向行驶的机动车、机动车和非机动车，或指示车行道的边缘；划于路口时，用作导向车道线或停止线，或用以引导车辆行驶轨迹（图 15-2）。

图 15-2　白色实线

3. 黄色虚线

划于路段中时，用以分隔对向行驶的交通流或作为公交车专用车道线；划于路侧或缘石上时，表示禁止路边长时停放车辆（图 15-3）。

图 15-3　黄色虚线

4. 黄色实线

划于路段中时，用以分隔对向行驶的交通流或作为公交车、校车专用停靠站标线；划于路侧或缘石上时，表示禁止路边停放车辆（图 15-4）。

图 15-4　黄色实线

5. 双白虚线

划于路口，作为减速让行线（图 15-5）。

图 15-5　双白虚线

6. 双白实线

划于路口，作为停车让行线（图 15-6）。

图 15-6　双白实线

7. 白色虚实线

用于指示车辆可临时跨线行驶的车行道边缘，虚线侧允许车辆临时跨越，实线侧禁止车辆跨越（图 15-7）。

图 15-7　白色虚实线

8. 双黄实线

划于路段中时，用以分隔对向行驶的交通流（图 15-8）。

图 15-8　双黄实线

9. 双黄虚线

划于城市道路路段中，表示该车道为潮汐车道（图 15-9）。

图 15-9　双黄虚线

10. 黄色虚实线

划于路段中时，用以分隔对向行驶的交通流。实线侧禁止车辆越线（超车、跨越或回转），虚线侧准许车辆临时越线（图 15-10）。

图 15-10　黄色虚实线

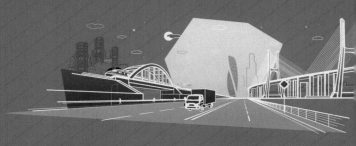

第十六章 指示标线

一、纵向指示标线

1) 可跨越对向车行道分界线：可跨越对向车行道分界线（也可称为可跨越道路中心线）为黄色虚线，用于分隔对向行驶的交通流（图 16-1）。一般设在道路中线上，车辆在保证安全的情况下，可以越线超车或左转弯。

图 16-1　黄色虚线为可跨越对向车行道分界线

2) 可跨越同向车行道分界线：可跨越同向车行道分界线为白色虚线，用来分隔同向行驶的交通流，设在同向行驶的车行道分界上。在保证安全的情况下，允许车辆短时越线超车或变更车道（图 16-2）。

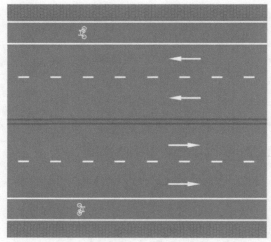

图 16-2　白色虚线为可跨越同向车行道分界线

3）潮汐车道线：车辆行驶方向可随交通管理需要进行变化的车道称为潮汐车道，以两条黄色虚线并列组成的双黄虚线作为其指示标线，指示潮汐车道的位置（图16-3，图中箭头仅表示车流行驶方向）。

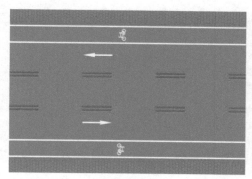

图16-3　双黄虚线为潮汐车道线

4）车行道边缘线：车行道边缘线用以划分机动车道与非机动车道的分界，也称为机非分界线。当车行道边缘线为白色实线时，禁止机动车跨越车行道边缘或机非分界进入右侧非机动车道，也禁止非机动车进入左侧机动车道（图16-4）。

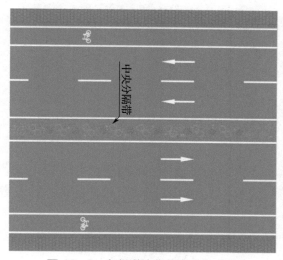

图16-4　车行道边缘线为白色实线

当车行道边缘线为白色虚线时，用以指示车辆可临时跨线行驶的车行道边缘，但应避让其他正常行驶的车辆、非机动车和行人（图16-5）。

车行道边缘白色虚实线的虚线侧允许车辆临时跨线行驶，实线侧不允许车辆跨线行驶。在必要的地点，如公交车站附近、允许路边停车路段，可设置车行道边缘白色虚实线（图16-6）。

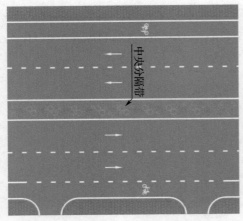

图 16-5　车行道边缘线为白色虚线

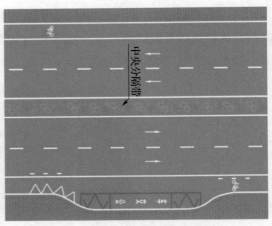

图 16-6　车行道边缘为白色虚实线

　　机动车单向行驶且非机动车双向行驶的路段，在机动车道与对向非机动车道之间施划有黄色单实线作为车行道边缘线（图 16-7）。

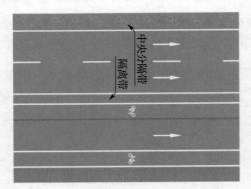

图 16-7　黄色单实线车行道边缘线

　　5）左弯待转区线：左弯待转区线为白色虚线，用来指示左转弯车辆在直行时段进入待转区等待左转的位置（图 16-8）。在有条件的地点，左弯待转区可设置多条待转车道（图 16-9）。

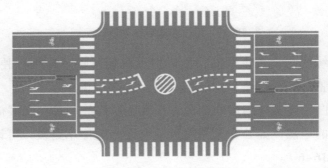

图 16-8　左弯待转区线

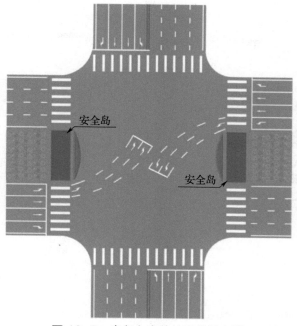

图 16-9　多条左弯待转区待转车道

6）路口导向线：连接同向车行道分界线或机非分界线的路口导向线为白色圆曲（或直）虚线（图 16-10a）；连接对向车行道分界线的路口导向线为黄色圆曲（或直）虚线（图 16-10b）。

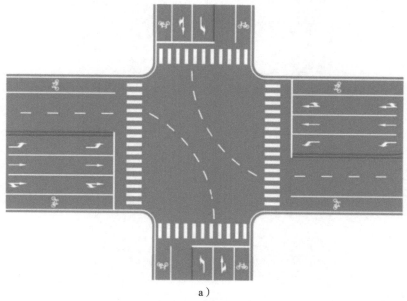

a）

图 16-10　路口导向线

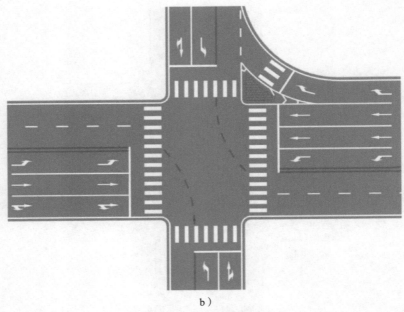

b）

图 16-10　路口导向线（续）

7）导向车道线：设置于路口驶入段的车行道分界线称作导向车道线，用于指示行车按导向方向行驶的导向车道的位置（图 16-11）。

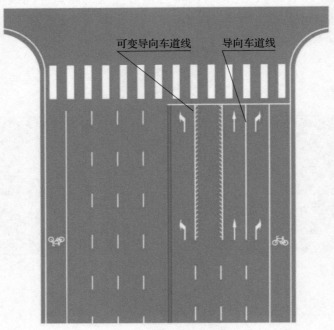

图 16-11　导向车道线设置示例

二、横向指示标线

1）人行横道线：人行横道线为白色平行粗实线（又称斑马线），既标示一定条件下准许行人横穿道路的路径，又警示机动车驾驶人注意行人及非机动车过街。在无信号灯控制的路段中设置人行横道线时，应在到达人行横道线前的路面上设置停止线和人行横道线预告标识（图 16-12）。

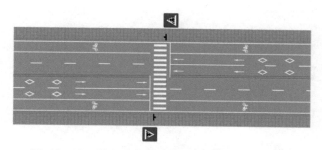

图 16-12　路段人行横道线和预告标识设置示例

2）车距确认标线：车距确认标线作为车辆驾驶人保持行车安全距离的参考，从确认基点 0m 开始，间隔 50m 重复设置五组。其中白色折线车距确认线如图 16-13a 所示，白色半圆状车距确认线如图 16-13b 所示。

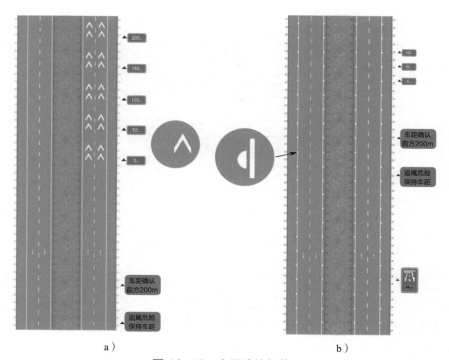

a）　　　　　　　　　　　　　　　　b）

图 16-13　车距确认标线

三、其他指示标线

1）道路出入口标线：道路出入口标线用于引导驶入或驶出车辆的运行轨迹，提供安全交汇，减少与凸出缘石碰撞的可能（图16-14）。

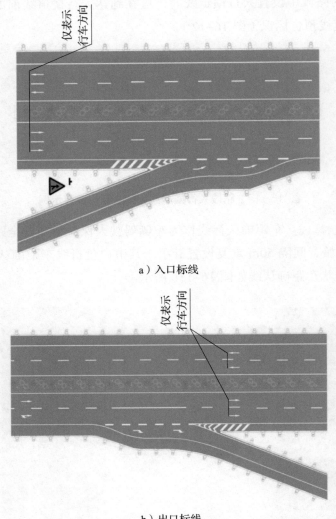

a）入口标线

b）出口标线

图 16-14　道路出入口标线示例

2）停车位标线：停车位标线标示车辆停放位置。停车位标线的颜色为蓝色时表示此停车位为免费停车位；为白色时表示此停车位为收费停车位；为黄色时表示此停车位为专属停车位。有平行式停车位标线、倾斜式停车位标线、垂直式停车位标线，图16-15所示为垂直式机动车限时停车位标线。

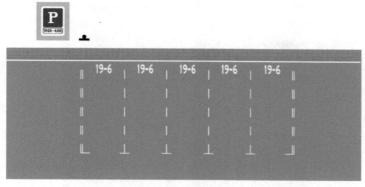

图 16-15　垂直式机动车限时停车位标线

3）出租车专用待客停车位标线：停车位里附加"出租车"文字，且停车位标线为实线时，表示出租车专用待客停车位（图 16-16）；出租车停车位标线为虚线时，表示出租车专用上下客车位，仅允许出租车短时停车上下客。

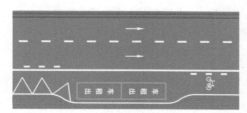

图 16-16　出租车专用待客停车位标线

4）残疾人专用停车位标线：残疾人专用车辆或载有残疾人的车辆专用的停车位标线如图 16-17 所示。其中停车位标线为白色表示收费停车位，为蓝色表示免费停车位，为黄色表示专属停车位。

图 16-17　残疾人专用停车位标线

5）港湾式停靠站标线：标示车辆通向专门的分离引道的路径和停靠位置，由渐变段引道白色虚线、正常段外边缘白色实线或白色填充线组成（图 16-18）。

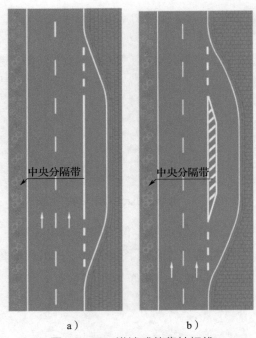

a）   b）

图 16-18 港湾式停靠站标线

6）车种专用停靠车站标线：指示除公交车、校车等特定车辆外，其他车辆不得在此区域停留。其中车种专用港湾式停靠站标线如图 16-19a 所示，路边式停靠站标线如图 16-19b 所示。

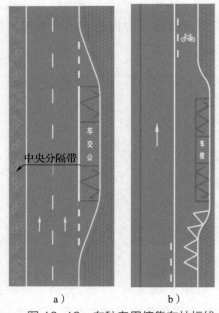

a）   b）

图 16-19 车种专用停靠车站标线

7）导向箭头：导向箭头用以指示车辆的行驶方向。导向箭头的基本形状及含义如图 16-20 所示。

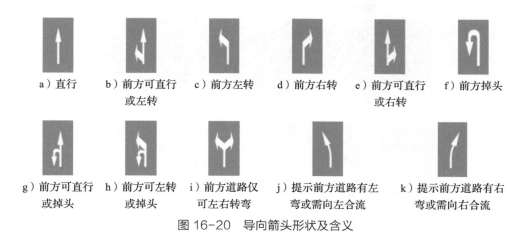

a）直行　　b）前方可直行　c）前方左转　d）前方右转　e）前方可直行　f）前方掉头
　　　　　　　或左转　　　　　　　　　　　　　　　　　或右转

g）前方可直行　h）前方可左转　i）前方道路仅　j）提示前方道路有左　k）提示前方道路有右
　或掉头　　　　或掉头　　　　可左右转弯　　弯或需向左合流　　　弯或需向右合流

图 16-20　导向箭头形状及含义

8）路面速度限制标记：路面速度限制标记表示车辆行驶的限制车速，表示最高限速值数字的颜色为黄色；表示最低限速值数字的颜色为白色（图 16-21a）。也可将最高限速的标志版面图形施划于路面作为路面限速提示用标记（图 16-21b）。

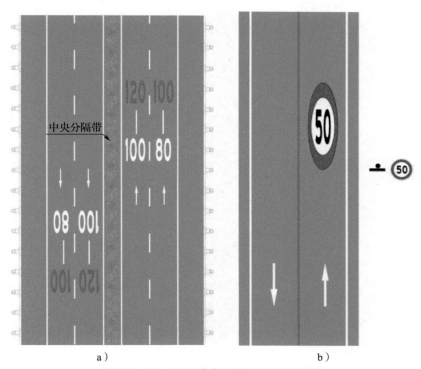

中央分隔带

a）　　　　　　　　　　　　　　b）

图 16-21　路面速度限制标记设置示例

9）注意前方路面状况标记：在不易发现前方路面状况发生变化的路段，需要提醒驾驶人注意前方路面变化以尽早采取措施，可设置注意前方路面状况标记（图16-22）。

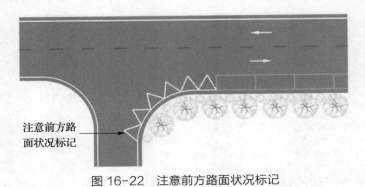

注意前方路
面状况标记

图 16-22   注意前方路面状况标记

第十七章　禁止标线

一、禁止跨越对向车行道分界线

1）双黄实线：双黄实线作为禁止跨越对向车行道分界线时，禁止双方向车辆越线或压线行驶（图 17-1）。

在双黄线间距大于 50 厘米时，应用黄色斜线或其他设施填充两条黄实线间的部分，禁止车辆压线或进入该区域（图 17-2）。

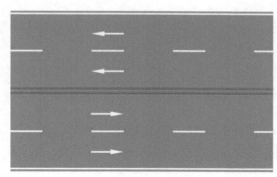

图 17-1　双黄实线禁止跨越对向车行道分界线

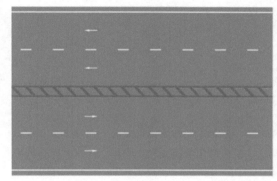

图 17-2　黄色斜线填充双黄实线禁止跨越对向车行道分界线示例

2）黄色虚实线：黄色虚实线作为禁止跨越对向车行道分界线时，实线一侧禁止车辆越线或压线行驶，虚线一侧准许车辆暂时越线或转弯（图17-3）。越线行驶的车辆应避让正常行驶的车辆。

施划中心黄色虚实线的三条机动车道道路直线段，一个方向车行道数从两个改变为一个（或从一个改变为两个）时采用过渡标线，设置示例如图17-4所示。

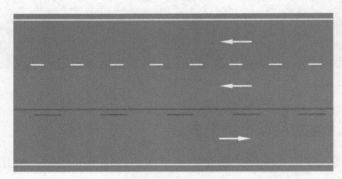

图 17-3　黄色虚实线禁止跨越对向车行道分界线

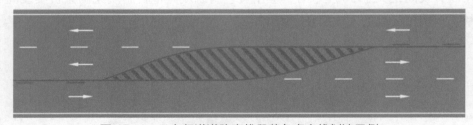

图 17-4　三车行道道路直线段黄色虚实线划法示例

3）黄色单实线：黄色单实线作为禁止跨越对向车行道分界线时，禁止双方向车辆越线或压线行驶（图17-5）。

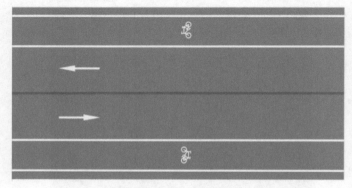

图 17-5　黄色单实线禁止跨越对向车行道分界线

二、禁止跨越同向车行道分界线

白色实线：用于禁止车辆跨越车行道分界线进行变换车道和借道超车（图 17-6）。

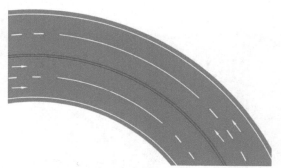

图 17-6　白色实线禁止跨越同向车行道分界线

三、禁止停车线

1）**禁止长时停车线**：用以禁止路边长时停、放车辆，但一般情况下允许装卸货物或上下人员等的临时停放。该标线为黄色虚线，施划于道路缘石正面及顶面，无缘石的道路施划于路面上（图 17-7）。

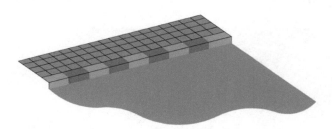

图 17-7　禁止长时停车线

2）**禁止停车线**：用以指示禁止路边长时间和临时停、放车辆，包括上下人员或装卸货物的车辆临时停车（图 17-8）。

图 17-8　禁止停车线

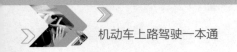
四、禁止标线

1）停止线：表示车辆让行、等候放行等情况下的停车位置，为白色实线（图 17-9）。

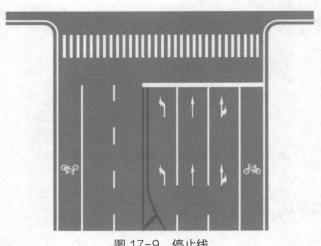

图 17-9　停止线

2）停车让行线：停车让行线表示车辆在此路口应停车让干道车辆先行，设有"停车让行"标志的路口（图 17-10）。

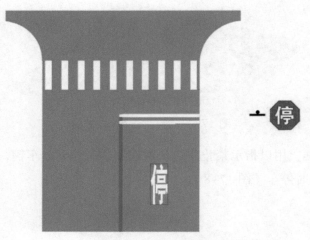

图 17-10　停车让行线

3）减速让行线：表示车辆在此路口应减速让干道车辆先行。减速让行线为两条平行的虚线和一个倒三角形，颜色为白色（图 17-11）。

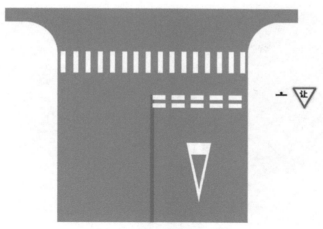

图 17-11　减速让行线

五、其他禁止标线

1）导流线：表示车辆须按规定的路线行驶，不得压线或越线行驶（图 17-12）。

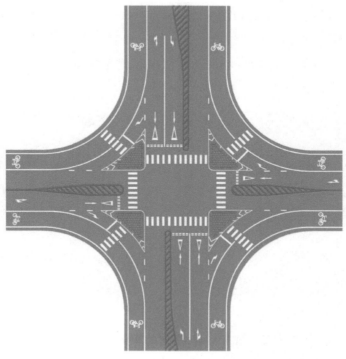

a）十字交叉口

图 17-12　导流线设置示例

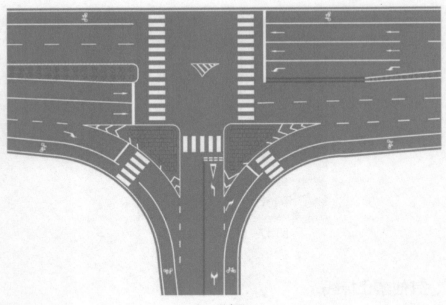

b）T形交叉口

图17-12　导流线设置示例（续）

2）中心圈：设在平面交叉口的中心，用以区分车辆大、小转弯或作为交叉口车辆左右转弯的指示，车辆不得压线行驶。有圆形和菱形两种形式（图17-13），颜色为白色。圆形中心圈表示左转弯的机动车以中心圈为基准转小弯，左转弯的非机动车以中心圈为基准转大弯。

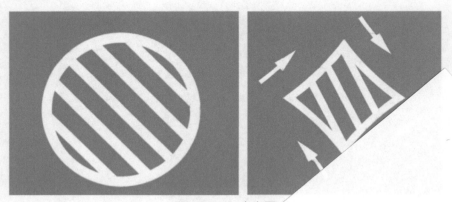

图17-13　中心圈

3）网状线：在交叉路口，如果一个方向□□□□□□□□也将无法通行。为了避免这种情况出现□□□□□止以任何原因停车的区域（图17-1□□

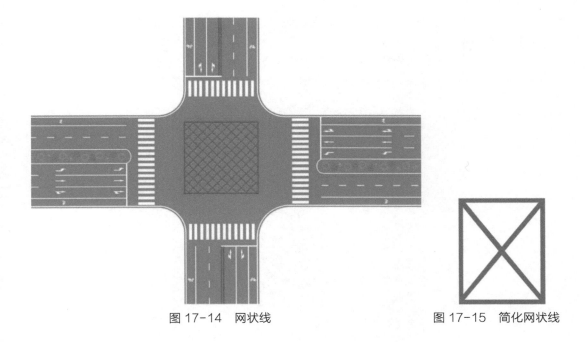

图 17-14　网状线　　　　　　　　图 17-15　简化网状线

六、车种专用车道线

1）公交车专用车道线：由黄色虚线及白色文字组成，表示除公交车外，其他车辆及行人不得进入该车道（图 17-16）。

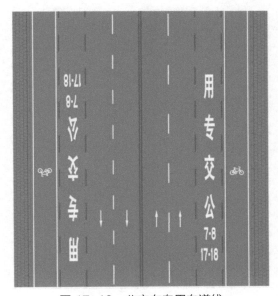

图 17-16　公交车专用车道线

2）小型车专用车道线：在车行道内施划"小型车"路面文字，表示该车行道为小型车专用车道（图17-17）。

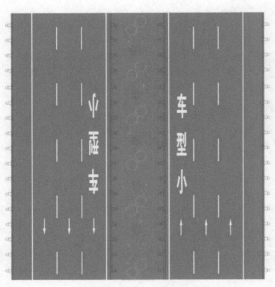

图17-17　小型车专用车道线

3）大型车车道标线：在车行道内施划"大型车"路面文字，表示大型车应在该车道内行驶（图17-18）。

图17-18　大型车车道标线

4）多乘员车专用车道线：由白色虚线及白色文字"多乘员专用"组成，表示该车行道为有多个乘车人的多乘员车辆专用的车道，未载乘客或乘员数未达规定的车辆不得入内行驶（图17-19）。

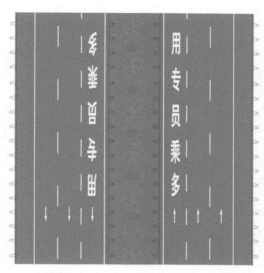

图17-19 多乘员车专用车道线

5）非机动车道线：由车道线、非机动车标记图案和"非机动车"文字组成，表示除特殊点段外，该车道为非机动车道，机动车不得进入（图17-20）。非机动车道标线颜色为蓝色时，表示此车道仅供非机动车行驶，行人及其他车辆不得进入。

图17-20 非机动车道线

七、禁止掉头（转弯）标记

用于禁止车辆掉头或转弯的路口或区间。禁止掉头（图17-21）或转弯标记（图17-22）由黄色导向箭头和黄色叉形标记左右组合而成。

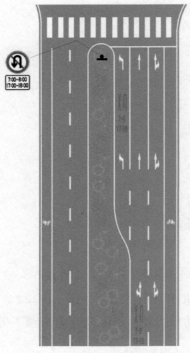

图 17-21　禁止掉头标记

图 17-22　禁止转弯标记

第十八章　警告标线

一、纵向警告标线

1）路面（车行道）宽度渐变段标线：用以警告车辆驾驶人路宽或车道数变化，应谨慎行车，并禁止超车（图 18-1 ~ 图 18-5）。

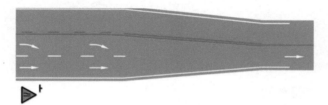

图 18-1　三车行道变为双车行道渐变段标线

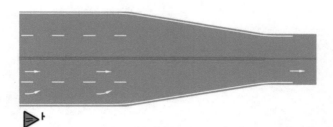

图 18-2　四车行道变为双车行道渐变段标线

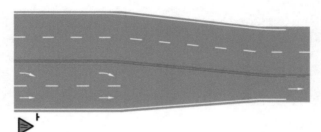

图 18-3　四车行道变为三车行道渐变段标线

图 18-4　三车行道道路填充线渐变段标线

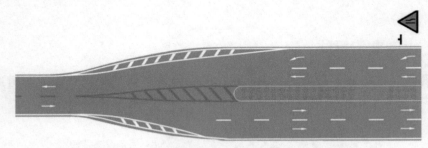

图 18-5　两车行道变为四车行道填充线渐变段标线

2）接近障碍物标线：用以指示路面有固定性障碍物，警告车辆驾驶人谨慎行车，引导交通流顺畅驶离障碍物区域（图 18-6）。

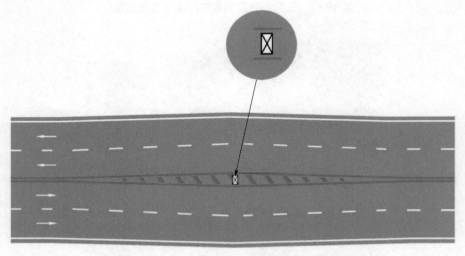

图 18-6　双向四车行道道路接近道路中心障碍物标线

收费岛迎车流方向地面标线用以标示收费车道的位置，为通过车辆提供清晰标记（图 18-7）。

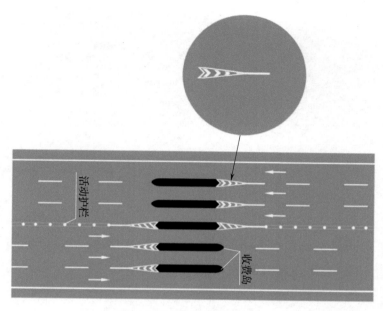

图 18-7　收费岛地面标线

3）铁路平交道口标线：用以指示前方有铁路平交道口，警告车辆驾驶人应在停车线处停车，在确认安全情况下或信号灯放行时才可通过（图 18-8）。

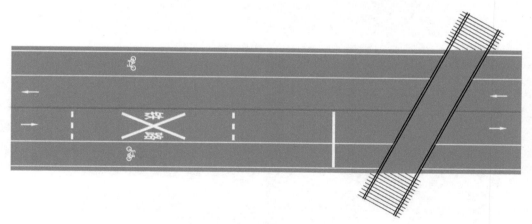

图 18-8　铁路平交道口标线

二、横向警告标线

1）收费广场减速标线：用于警告车辆驾驶人前方应减速慢行（图 18-9）。

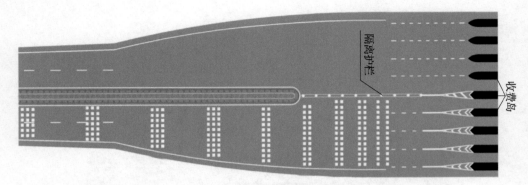

图 18-9　收费广场减速标线

2）车行道减速标线：车行道减速标线设置于弯路、坡路、隧道洞口前、长下坡路段及其他需要减速的路段前或路段中的机动车行车道内，分为车行道横向减速标线（图 18-10）和车行道纵向减速标线（图 18-11）。

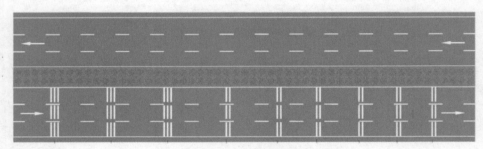

图 18-10　车行道横向减速标线

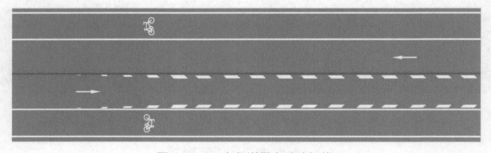

图 18-11　车行道纵向减速标线

三、其他警告标线

1）立面标记：立面标记用以提醒驾驶人注意，在车行道或近旁有高出路面的构造物（图 18-12）。

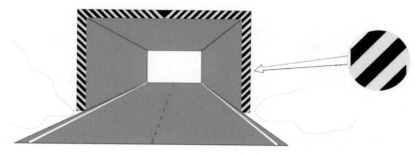

图 18-12　立面标记

2）实体标记：实体标记用以给出道路净空范围内实体构造物的轮廓，提醒驾驶人注意。

3）凸起路标：凸起路标是固定于路面上起标线作用的凸起标记块，可用来标记对向车行道分界线、同向车行道分界线、车行道边缘线等，也可用来标记弯道、进出口匝道、导流标线、道路变窄、路面障碍物等危险路段。

参 考 文 献

［1］郭建英.动画视频＋全彩图解 道路交通标志标线大全［M］.北京：化学工业出版社，2022.

［2］郭建英.动画视频＋全彩图解 道路交通安全法规［M］.北京：化学工业出版社，2021.

［3］裴保纯，郭秋娟.道路交通标志标线全知道［M］.2版.北京：电子工业出版社，2020.